शिक्षा की परीक्षा

रमेश थानवी

वाणी प्रकाशन

वाणी प्रकाशन
4695, 21-ए, दरियागंज, नयी दिल्ली 110 002

शाखा
अशोक राजपथ, पटना 800 004

फ़ोन: +91 11 23273167 फ़ैक्स: +91 11 23275710

www.vaniprakashan.in
vaniprakashan@gmail.com

SHIKSHA KI PARIKSHA
by Ramesh Thanvi

ISBN : 81-8143-051-4
Linguistics

संस्करण 2003

मूल्य : 150/-

शुभम् ऑफसेट, दिल्ली-110 032 में मुद्रित

वाणी प्रकाशन का लोगो मक़बूल फ़िदा हुसेन की कूची से

क्रम

समर्पण

अपने शिक्षा-सेवी पिता
माड़साब भीखमचंद जी थानवी की
पुण्य स्मृति को
सादर निवेदित
जिन्हें सारा गांव
और घर के हम सभी बच्चे
माड़साब ही कहते थे
और जिनके श्री चरणों में
मैंने शिक्षा का पहला पाठ पढ़ा।

❑❑❑

कहो नचिकेता

मेरे भाई नचिकेता, तुम आज भी मेरे सामने खड़े हो। मेरी रगों में रम रहे हो। मेरी नसों में दौड़ रहे हो। रोज तुम्हारा तेजस्वी रूप मुझे रोमांचित कर जाता है। मैं तुम्हें सदा तुम्हारे प्रश्नों के साथ अडिग खड़ा पाता हूँ। प्रश्नों के साथ समझौता न करने की तुम्हारी इस अदा पर मैं बचपन से ही फिदा हूँ। यमराज को निरुत्तर कर देने और ज्ञान के लिए तीनों लोकों का राज छोड़ देने की तुम्हारी कटिबद्धता मुझे सदा प्रेरित करती रही है। मैं स्वयं बरसों से अपने लिए एक ऐसे संसार की रचना की कोशिश में लगा हूँ जहाँ प्रश्न सदा सर्वोपरि हों और उन पर किसी का पहरा नहीं हो। प्रश्नों की ऐसी प्रतिष्ठा में भारत बरसों से विफल रहा है, मेरे भाई। हम अपनी तेजस्वी परंपरा के बावजूद सर झुकाए एक बुझदिल व्यवस्था को झेलने को अभिशप्त हैं। अवाम को निरुत्तर कर देने का दर्प इस व्यवस्था के सिर पर चढ़ कर बोलता रहा है। तिस पर भी तुर्रा यह है कि हमारा देश दुनिया का सबसे बड़ा लोकतंत्र है।

शिक्षा भी इसी व्यवस्था की शिकार है। पचास वर्ष से एक आदेश अबोध बालकों के कानों में गूँजता रहा–'खामोश रहो, चुप हो जाओ, शोर मत करो।' मैं क्या कहूँ मेरे भाई, निर्मल और निश्छल

बालकों का चहकना जिन अध्यापकों को शोर लगता है—वे कैसे अध्यापक होंगे? उनका प्रशिक्षण कैसा होगा? उनका दिलो-दिमाग कैसा होगा? ये कैसी विडम्बना है कि बालक के कान में पहला आदेश 'खामोश रहने' का पड़ता है। ये गूँगी सभ्यता की रचना का पहला पाठ है।

मैं बरसों से एक प्रश्न कर रहा हूँ कि शिक्षा में उत्तरदायी कौन है? बालक या अध्यापक? अगर अध्यापक उत्तरदायी है तो प्रश्न बालकों से क्यों किए जा रहे हैं? उत्तर बालकों से क्यों माँगे जा रहे हैं? शिक्षा की इस उलटबांसी को तुम समझ सके हो क्या? भारत के और देश परदेश के कई शिक्षा चिंतकों से मैं पूछ चुका हूँ मगर वे तो शासन, तंत्र या सिस्टम के हिस्से हैं इसलिए क्या कहें? वे भूल गए हैं शिक्षा की प्रश्नोन्मुखी परंपरा को! वे भूल गए हैं अर्जुन के सवालों को! वे भूल गए हैं श्वेतकेतु के प्रश्नों को! वे भूल गए हैं 'अथातो ब्रह्म जिज्ञासा' के आदि मंत्र के साथ प्रस्फुटित होने वाली प्रश्नों की शृंखला को! वे भूल गए हैं मंडन मिश्र और शंकर के शास्त्रार्थ! वे भूल गए हैं सुकरात और प्लेटो के सवाल-जवाब! सारी प्रश्नोन्मुखी परंपरा को ताक पर रख कर सिस्टम के शिकंजे में गिरफ्त शिक्षाविद् क्या उत्तर दें कि वे स्वयं कितने उत्तरदायी हैं! मैं फिर भी प्रश्न करता हूँ कि शिक्षा में उत्तरदायी कौन है? बालक या अध्यापक?

अगर अध्यापक उत्तरदायी है तो प्रश्नों पर ये पहरे क्यूँ? प्रश्न-पत्रों को तिजोरियों में रखने की क्या जरूरत? पुलिस का पहरा बिठाने की क्या जरूरत? ऐसा पहली बार नहीं हुआ है कि पर्चे आउट हो गए हैं—यह तो हर साल होता है। इस बार तो राजस्थान की राजधानी के निकट ही, प्रश्न-पत्रों के बंडल, राजमार्ग के किनारे, जंगल में ही बिखरे पड़े मिले। कल कुछ नकाबपोश प्रश्नों के बंडल लूट ले गए।

यह तो नितांत स्वाभाविक घटना है, मेरे भाई! प्रश्नों का स्वधर्म होता है कि वे स्वयं अपने को उद्घाटित करें। सवालों का अंतःधर्म होता है कि वे जगजाहिर हो जावें, लोगों की जुबानों पर चढ़ जाएँ और सारी जनता को मुखर कर जाएँ। यही तो सच्ची शिक्षा का भी स्वधर्म है। भूल तो हमारी थी कि हम प्रश्नों के स्वधर्म को नहीं समझे थे, बार-बार उनको तालों में बंद कर रहे थे। ये शुभ लक्षण हैं कि सवाल अब जगजाहिर होना चाहते हैं। वे पहरे नहीं, आजादी चाहते हैं।

आजादी की यही चाहत विश्व के इस सबसे बड़े लोकतंत्र का आधार रही है। यह नींव तुमने ही रखी थी नचिकेता! सिर्फ नौ वर्ष की उम्र में तुम यमराज के सामने खड़े थे! सशरीर! पिता की आज्ञा का पालन एक तो तुमने किया था और एक दशरथ के बेटे राम ने। तुम्हारी सत्यान्वेषण की इसी विरासत को स्वीकार कर, महात्माजी आजादी की लड़ाई लड़े थे। आज सत्य के आग्रह से प्राप्त आजादी हमारी रगों में रसी-बसी है। मगर पहले अंगरेजों से मिली शिक्षा-विरासत और अब विश्व बैंक के रास्ते आती गुलामी जबरन हमारी शिक्षा व्यवस्था को एक गुलाम तंत्र में बदलना चाहती है। वे सब तुम्हारी कालजयी प्रश्न-प्रतिबद्धता से अपरिचित हैं—अनभिज्ञ हैं। अच्छा है कि उनकी ये अनभिज्ञता बनी रहे ताकि गुलामी की तमाम बाहरी कोशिशें हमारी अंतःशक्ति से शिकस्त पा सकें।

क्या यह संभव है कि आज हम नचिकेता से फिर मिलें। कठोपनिषद् पढ़ें और प्रश्नों के प्रति वैयक्तिक प्रतिबद्धता के इस बेमिसाल दृष्टांत पर विचार कर सकें?

❑

रैदास की बेटी

बरसों बाद मैं मकर संक्रांति के दिन अपने गाँव में था। लगभग 40 बरस बाद। गाँव कहना सुखदायी है क्योंकि आज के विराट कस्बे को जब मैंने छोड़ा था तब वह गाँव था। तब वहाँ बैलगाड़ियाँ थीं। घरों में चूल्हे थे। हमारे घर के चूल्हे में भी होलिकाग्नि मेरी दादी और माँ के जतन से पूरे एक बरस तक सुरक्षित रहती थी। माचिस केवल लालटेन जलाने के लिए काम ली जाती थी। वह भी अक्सर बचा ली जाती थी। मेरे पिता जलते चूल्हे से फोग[1] की एक जलती टहनी लेकर लालटेन जला लिया करते थे। घर का काम निपट जाने के बाद यही लालटेन हमारे पढ़ने के काम आती थी। होली आने पर दादी या पिता होलिकाग्नि फिर घर ले आया करते थे—एक आस्थावान आदर के साथ। माँ उस अग्नि के जलते रहने और सूरज के तपते रहने की प्रार्थना करती थी। वे जतन और प्रार्थनाएँ मेरे बचपन को किस प्रकार सींच गईं—इसे व्यक्त करने को शब्द नहीं, केवल मौन ही कारगर माध्यम हो सकता है।

मैंने कुछ बड़े होने पर धर्मवीर भारती की एक कविता

---

1. फोग रेगिस्तान में रेत के टीबों पर उगने वाली लाल रंग की झाड़ी का नाम है। इसकी लकड़ी सिर्फ जलावन के काम आती है।

प्रमथ्यु-गाथा पढ़ी थी—पढ़ा था कि देवताओं से अग्नि चुरा कर लाने की कैसी सजा पाई थी प्रमथ्यु ने, कितनी यातनाएँ सही थीं। माँ और दादी के प्रति मन में तब अपार आदर जाग गया था। घरों में अग्नि को इस तरह बरस भर सुरक्षित रखने के सारे जतन वंदनीय लगे थे। उसी वंदना को मन में सँजोये मैंने साक्षरता की प्रवेशिका में पहला पाठ 'आग' ही लिखा था। आज भी मेरा विश्वास है कि अक्षर के प्रभावी प्रयोग से आग की रक्षा संभव है। इस मकर संक्रांति को मैं उसी घर में था जो आग की पुरातन ऊष्मा से सदा गर्म रहता था। जहाँ दुलार की ऊष्मा का एहसास सहज संभव था।

हमारा यह पुश्तैनी घर मोचियों के मोहल्ले में है। हमारे परिवार के चार मकानों के दोनों तरफ और पिछवाड़े की दोनों गलियाँ मोचियों के मकानों की गलियाँ हैं। मेरे बड़े भाई साहब ने लगभग पचास बरस पहले इनको 'मोची स्ट्रीट' लिखना शुरू कर दिया था। तब से हमारे परिवार का स्थाई पता हो गया था—मोची स्ट्रीट, फलोदी। मोची स्ट्रीट आज भी वहीं है। गाँव के कस्बा बन जाने की त्वरा के साथ इस स्ट्रीट में बहुत कुछ नहीं बदला है। बाहर से देखने पर लगता कि समय यहाँ ठहर गया है। जो चाक्षुष-बिंब मेरे बचपन से जुड़े थे वे जहाँ के तहाँ 'फ्रीज' हो गए हैं। मेरे लिए ये ठहरा समय इस बार भी सुखदायी था, मन के सारे सवालों के बावजूद कि इनकी हालत में क्यों नहीं सुधार आया; अब तलक?

मकर संक्रांति के दिन घर की मुंडेर पर बैठ मैं अपने बचपन की संक्रांति का स्मरण कर रहा था। वहाँ एक चहकता आँगन था, लिपा और पुता। इन स्मृतियों में संक्रांति की स्नान, उससे जुड़ी आस्था, शुचिता सब थी, दान-दक्षिणा थी और हमारे लिए तिल के लड्डुओं की बहार थी। फलोदी में ही बनने वाले गरम सिंधी

घेवर थे। उनमें देशी घी की महक, जलेबी के 'गाळ' की खटास और साथ में भरपूर मिठास भी। पूरा त्योहार एक चहक से शुरू होता था और चहल-पहल में बीत जाता था। तब हमारे गाँव में संक्रांति के दिन पतंग उड़ाने का रिवाज नहीं था।

ऐसी स्मृतियों में विचरते हुए मुझे इस बार मोचियों की एक छोटी सी लड़की ने नई रोशनी दी थी। यह छोटी सी लड़की अपनी बहनों व सखियों के साथ गली से गुजरी थी। दुबली-पतली और अत्यंत गौरवर्णा इस बच्ची के हाथ में एक प्लेट थी। उस प्लेट में दो मोमबत्तियाँ रखी थीं और दो माचिस की पेटियाँ। फुर्ती से फुदकती चलती यह बच्ची एक घर में घुसी और एक माचिस व मोमबत्ती दे आई। फिर दूसरे घर में दूसरी भी। इसकी माँ ने इसे यह काम सौंपा होगा। रैदास की इस बेटी के इस दीप-दान ने मुझे रोशनी दी थी।

चारों तरफ पुण्य-अर्जन की एषणा से बांटी जा रही मिठाइयों/घेवरों/फीणियों व तिल के लड्डुओं के अंबार और आडंबर में जहाँ पूरी संक्रांति दबी जा रही थी—वहीं पर यह रैदास की बेटी अपनी सारी विनम्रता के साथ पूरी प्रफुल्लता लिए रोशनी बाँटती फिर रही थी। अग्नि को प्रज्वलित करने को माचिस की पेटी बाँट रही थी। उसकी माँ का संदेश था कि घर आलोकित रखना। अग्नि को सुरक्षित रखना। हर घर को ऐसा अधिकार देना। क्योंकि आग पर किसी का एकाधिकार नहीं है। सूरज का भी नहीं। मैंने उसे और उसकी माँ को प्रणाम कर लिया था। साथ ही उस गरीबी को भी नमन किया था जिसकी वजह से देश की संस्कृति जिंदा है। वैसे ऐसी ही गरीबी से उपजी एक सशक्त लोकोक्ति ने सवेरे की संक्रांति स्नान के साथ मुझे आलोकित किया था। भाभी के मुँह से सहज रूप से निकली थी यह लोकोक्ति 'राजा रो दॉन अर परजा री स्नॉन'।

यह लोकोक्ति बचपन में भी सुनी थी मगर आज इसका अर्थ-संप्रेषण विशाल था। गरीब प्रजा सिर्फ स्नान में ही सारे पुण्य-सुख का अनुभव कर लेती थी। गरीबी की अंतःसामर्थ्य आज फिर समझ में आई थी।

मैंने आज रैदास की बेटी और घरों में सुरक्षित रखी जाने वाली आग को फिर नमन किया था।

❑

घर में किताबें

अपने बचपन के दिनों की याद भुलाए भी भूलता नहीं हूँ—जिन कच्चे या पक्के मकानों में मेरा बचपन बीता उन मकानों की हर दीवार में कहीं न कहीं कोई आला होता था। राजस्थानी या गुजराती में लिखें तो ये आळा लिखा जाएगा। पास-पड़ोस का हर घर तब अपना होता था और हम हर घर में, ऊपर नीचे खेलने चले जाते थे। दीवारों के तब कोई अर्थ नहीं होते थे—वे घरों को बाँटने के लिए नहीं होती थीं—जोड़ने के लिए होती थीं और बचपन अपनी समूची सरलता, विरलता के साथ उनमें कहीं बहता रहता था, रमता रहता था।

मेरी माँ व दादी माटी की कच्ची दीवारें खुद बनाती थीं और उनको गोबर से लीपती थीं, चामी माटी और चूने से सँवारती थीं और उन दीवारों में भी वे जगह-जगह आले बना देती थीं—आलों के बाहर चामी माटी व चूने की रंगोली होती थी और वे रंग-बिरंगे आले तब आमंत्रित करते दीखते थे कि आओ मुझमें कुछ रख जाओ, मुझमें समा जाओ। दीवारों में बने आलों का ये आमंत्रण मुझे आज गहरा सांस्कृतिक बोध देता है, मैं नत मस्तक हो जाता हूँ उस समग्र मानवी कर्म के प्रति जो ऐसी दीवारों की रचना करता था। इनमें बने आलों का आमंत्रण दीवारों को भी अपना बनाता था और

इनको उस सभ्यता से बचाए हुए था जो 'अंधी दीवार से सिर फोड़ने' जैसे मुहावरों की रचना करती है। आज की सभ्यता दीवारों का निर्माण (रचना नहीं) सिर्फ घरों को बाँटने के लिए करती है, जोड़ने के लिए नहीं।

अपने पक्के मकान, पास-पड़ोस के मकान और स्कूल की विशाल पक्की चारदीवार में हर जगह बने आलों की मुझे याद है। स्कूल की दीवार में बने आलों में बैठ कर हम अपनी दुपहरी करते थे—जिसमें कागज में लपेट कर कपड़े में बँधी माँ के हाथ की मसालेदार पूड़ी हुआ करती थी—जिसका स्वाद मैं अब तक भूला नहीं हूँ—उस पूड़ी को भी थोड़ा बचा कर हम चीलों के लिए आकाश में उछाला करते थे और चीलें जब झपट्टा लगाती आतीं तो हम आलों में छुप जाते थे। आलों का दिया गया ये अद्‌भुत सुख अब कहाँ है?

घर की पक्की दीवारों में जगह-जगह पक्के आले बने थे। ये आले लाल पत्थर को गढ़ कर बनाए गए थे। इनके ऊपर एक कंगूरे वाला मेहराब था, नीचे कमल के पत्तों की बनी झालर थी। बचपन से देखा कि मेरे घर के ये आले अखबारों और किताबों से गड्डमड्ड हो जाते थे। कभी बड़े भाई साहब या पिताजी तो कभी बहनें इन किताबों को करीने से फिर किसी दूसरे आलों में रख देती थीं। यूँ धीरे-धीरे पूरा घर पुस्तकालय में बदलता गया, पथरीली दीवारों में बने आलों का आत्मीय आमंत्रण अपनी समूची स्निग्धता के साथ किताबों को स्थान देता गया। मेरे देखते-देखते ये किताबें हजारों-हजार हो गईं। ये किताबें अपनी उपस्थिति मात्र से हमें सींचती रहीं, संस्कारित करती रहीं। मन अब भी उन आलों के प्रति आदर से भर जाता है जो घर को आलय बना देते हैं—कभी देवालय तो कभी पुस्तकालय। मगर आज कहाँ से लाएँ ऐसे घर!

मैं इन दिनों जयपुर में बसायी गई एक स्वनामधन्य बस्ती

मानसरोवर में रहता हूँ। इस नई बसायी बस्ती में शहर के सर्वोच्च शिक्षा पाए इंजीनियरों ने लगभग चालीस हजार मकान बनाए हैं। इन चालीस हजार मकानों के हर कमरे में चारों तरफ केवल अंधी दीवारें हैं। जेल की कोठरी की तरह। किसी भी दीवार में कोई आला नहीं है। किसी भी घर में पुस्तकों को रखने का कोई स्थान नहीं है। कैसे मानूँ कि ये मकान पढ़े-लिखे इंजीनियरों ने बनाए हैं या आकल्पित किए हैं। वे ऐसा कैसे सोच सकते हैं कि कोई भी घर सदा पुस्तक-विहीन होगा, वहाँ कभी कोई किताब नहीं आएगी?

घर में किताबों के लिए स्थान न रखने वाली इस सभ्यता का संकट ही यह है कि पढ़े-लिखे लोगों ने पढ़ना छोड़ दिया है। जो रोज पढ़ाते हैं वे भी रोज नहीं पढ़ते हैं। हमारे घरों में राशन-पानी की सूची में हर माह कभी किसी किताब का नाम नहीं होता है। ये कैसा संकट है? ये कैसी दुर्घटना है? कितनी दुखदाई सच्चाई है यह?

फिर भी बहुत सुकून मिला अभी दो दिन पहले ही। मैं जयपुर में लगे राष्ट्रीय पुस्तक मेले में घूम रहा था। लगभग हर स्टॉल पर दर्शक थे, पाठक थे, खरीददार थे। खासी भीड़ थी। लेकिन यहाँ भी जब कुछ प्रबुद्ध लोगों से बात हुई तो यही सुनने को मिला कि करें क्या—घर में किताबें रखने का सबसे बड़ा संकट है। कहाँ रखें किताबें? कब तक रखें? फिर कई लोगों ने कहा कि मोह छूटता भी नहीं इसलिए खरीदने से भी डरते हैं—उससे भी बचते हैं।

मैं सोच रहा था कि घर में अगर किताब के लिए जगह नहीं है तो किसके लिए होगी? घर में किसी भी चीज की प्रतिष्ठा यदि हमें करनी है तो पुस्तक से अधिक प्राथमिकता भला किसे मिलेगी! घर में यदि किताबें ही नहीं होंगी तो कल हमारे बालकों को विरासत में क्या मिलेगा?

❑

किसे कहते हैं बचपन?

बाल दिवस की रस्म अदायगी हर साल होती है मगर बचपन हर बार वैसे ही उपेक्षित रहता है। इसे कौन व्याख्यायित; परिभाषित करेगा? इसे कौन मान देगा?

लोग भूल गए हैं कि बचपन किसे कहते हैं? बचपन के दिव्य-दर्शन की ललक अब कहीं दिखाई नहीं देती। सूर ने जन्मांध होकर जो देखा था उसे देखने में यह सूक्ष्मदर्शी सभ्यता असमर्थ रही है। 'ठुमकि चलत रामचन्द्र' जैसी पंक्ति या वैसी मनोभावना का सृजन करने वाले पद पिछले सात सौ साल से नहीं लिखे गए हैं। इस सभ्यता की एक दुर्घटना यह भी है कि अब यहाँ लोरियाँ नहीं लिखी जातीं, अब घरों में रोज रात कहानियाँ नहीं सुनाई जातीं। कहानी विहीन नाना-नानियों की एक नई जमात खड़ी हो गई है जो अब अपना बुढ़ापा भी घर से बाहर बिताने को विवश दीखती है।

ऐसी स्थिति में बचपन का क्या होगा? कहाँ जाएगा बालक? शालाओं का बालोन्मुखी रूप कहीं खोजे नहीं मिलेगा। यदि हम थोड़ी भी पड़ताल करेंगे तो पाएँगे कि शालाएँ बालकों की दुश्मन हो गई हैं। उन्होंने अपने हक में एक काम और भी किया है कि माँ-बाप को बालकों का दुश्मन बना दिया है। वे भी अब शाला की बाल-विरोधी सरगम में अपना सुर मिलाते दीखते हैं।

ऐसा क्यूँ हुआ है? क्या यह भी अनायास ही हुआ है? नहीं। यह इसलिए हुआ कि नई सभ्यता को सबसे बड़ा खतरा बचपन से ही था। बचपन में हम सबका मन मोह लेने की एक अद्भुत सामर्थ्य होती है। बचपन सदा सलोना और मनभावन होता है। बचपन में हम सबको सिखा देने की, हमें संस्कारित कर देने की, हमारी संवेदनाओं को जगा देने की और फिर उनको जिंदा रखने की एक अनोखी सामर्थ्य होती है। इसी सामर्थ्य से नई बाजारू सभ्यता को खतरा था। यही कारण है कि इसने सबसे पहले शालाओं में प्रवेश किया और उनको बालकों के खिलाफ खड़ा किया। उनको बाल-विरोधी बनाया। अब आज उनके इस बाल-विरोधी स्वरूप को सींच-सींच कर इतना पुख्ता बना दिया गया है कि अब कोई भी मास्टर या शिक्षाविद् बचपन से कुछ भी सीखने को तैयार नहीं है। शालाओं में पढ़ने वाले करोड़ों बच्चे आज केवल कल के बाजारों के खरीददार हैं। ग्राहक हैं बेचारे और इसीलिए काफी है अब उनके लिए न्यूनतम अधिगम स्तर। यह कैसी विडंबना है कि शिक्षा में आज असीम कुछ नहीं है। अपरिमित, अनंत और लबालब नहीं है शिक्षा का सागर।

बात हम बचपन की कर रहे थे। हमें खतरा था कि बचपन हमें कहीं कुछ सिखा न दे। संवेदनशील न बना दे। खतरे कुछ और भी थे। बड़े खतरे। उन खतरों के प्रति यह शिक्षा-व्यवस्था सजग थी इसलिए प्रबंध काफी पुख्ता किए गए थे। उन खतरों में एक बड़ा खतरा था—समाज के सत्यनिष्ठ बने रहने का। बचपन ही पीढ़ी दर पीढ़ी समाज को सत्यनिष्ठ बनाए रखता रहा है—यह मेरी मान्यता है। बालक से बड़ा सत्यद्रष्टा मुझे कोई दीखा ही नहीं आज तक। बालक सत्यवक्ता भी है और सत्य रक्षक भी। घर में कई बार बालक अपनी तुतली बोली में माँ-बाप को झुठला देते

हैं और माँ-बाप के क्रोध का ठिकाना नहीं रहता। मगर बालक विवश होता है—यह उसकी सहज सत्यनिष्ठा है। वह विश्वास भी नहीं करता कि माँ-बाप झूठ बोल सकते हैं।

हम बरसों से एक कहानी सुनते रहे हैं। आप सबने भी उस कहानी को कई रूपों में कई बार सुना या पढ़ा होगा। यह कहानी है राजा के बेशकीमती वस्त्रों की। इस कहानी में चाटुकारों की भारी भीड़ में से अत्यंत नाटकीय तरीके से निकलकर केवल एक बालक सामने आता है और सच कहता है कि **'माँ आज तो राजा भी मेरी तरह नंगे हैं।'** यह कहानी एक जबरदस्त सत्य को उद्घाटित करती है कि बालक सदा सत्यनिष्ठ होता है। वह सत्यं वद के मूल मंत्र को माँ की कोख में जीता अपनी रगों में लिए पैदा होता है। साथ ही यह भी कि वह निर्भय होता है सदा; अपने स्वभाव से ही। पर दूसरा संदेश भी है इसमें—राजा नंगा है। तीसरा संदेश भी कि प्रजा में केवल चाटुकारों की भीड़ है। ये तीनों संदेश आज भी सच हैं। मगर हम इनसे सीखने समझने को तैयार नहीं। इस कथा से केवल एक संदेश ग्रहण किया है हमारी शिक्षा के कर्णधारों ने—और वे बालक की इस सत्यनिष्ठा को कुचलने के हर संभव प्रयास करने में जुट गए हैं। यहाँ हमारी सनातन प्रार्थना की पहली पंक्ति ने भी दम तोड़ दिया है। उसकी मौत हो गई है। अब कोई नहीं कहेगा यहाँ—**असतो मा सद्गमय।**

बालक से उसकी स्वभावगत सत्यनिष्ठा तथा निर्भयता छीन लेने में खासी सफल हुई है नई शिक्षा-व्यवस्था मगर कुदरत का करिश्मा है कि बालक आज भी सत्य के व अभय के साथ पैदा होते हैं। अब इसके खिलाफ भी सारे नृशंस एवं क्रूरतम प्रबंध कर लिए गए हैं। क्लोन का प्रकृति विरोधी नुस्खा मूर्ख वैज्ञानिकों के हाथ लग गया है। हम केवल प्रार्थना कर सकते हैं—'उनको सन्मति

दे भगवान'।

मैं यहाँ बालकों से सीखने की बात फिर दोहराना या रेखांकित करना चाहूँगा। बालक के पास सिखाने के लिए निर्मलता है, निश्छलता है, सलोनापन है, भोलापन है, सहज विश्वास है, स्वभाव की निःसंशयता है, भरोसा है, वाणी का माधुर्य है, करुणा है, अनंत प्रेम व स्नेह है तथा जाति, वर्ण या रंग की रेखाओं के परे एक अत्यंत सहज आत्मीयता है। बालक अपने स्वभाव से ही जिज्ञासु होता है। कुतूहल उसमें कूट-कूट कर भरा होता है। वह प्रश्न पर प्रश्न करता घंटों तक नई जिज्ञासाएँ पैदा करता रहता है। मगर हमारी सभ्यता ने उससे जिज्ञासु होना भी नहीं सीखा।

बालक से इंसानियत इतना सब कुछ अब तक सीखती रही है—बालक को केन्द्र बिंदु बना कर। बालक परिवार का सदा केंद्र बिंदु रहा है। केंद्र में रह कर भी बालक सदा सबका रहा है। हमारी लोक परंपरा में बालक कभी 'मेरा' या 'हमारा' नहीं होता। बालक सदा 'आपका' होता है। समाज का होता है। हमने इस नॉन पजेसिव परंपरा को खोया है, और बच्चों को अपनी संपत्ति समझने लगे हैं। ऐसे में बालक को निहारने, उसकी लीलाओं में रस लेने और उनसे सीखने की सारी संभावनाएँ अवरुद्ध हो गई हैं। यह तो परिवार की बात है।

एक दूसरी दुर्घटना भी हुई है इधर—हमारी शिक्षा अब अनंत वत्सला नहीं रही। वह मातृस्वरूपा नहीं रही। वह अपने 'यशोदा' रूप को भूल गई है और यही कारण है कि आज किसी बालक के मुख में हमें वसुंधरा के दर्शन नहीं होते। बाल स्वरूप की सत्ता के प्रति बिना वात्सल्य भाव के हम इससे कुछ सीख नहीं सकते। मगर शिक्षण संस्थाओं से यह वात्सल्य भाव उठ गया है। हमें विचार करना है कि ऐसा क्यों हुआ? कौन उत्तर दे?

❑

क्या मैं अंदर आ सकता हूँ?

यह सवाल पुराना है। बरसों पुराना। मैंने नहीं रावीजी ने पूछा था। यह उनकी एक किताब का नाम था। रावीजी आगरा में रहने वाले हिंदी के प्रसिद्ध लेखक थे। सिद्दत से चीजों को महसूस करते थे इसलिए ऐसा मौजूं सवाल कर सकते थे। मगर उत्तर भला कौन देता? वे सिर्फ सवाल कर पाए और शायद बाहर ही खड़े रहे। उम्र भर।

मैं भी आज एक सभा में खड़ा हूँ। शिक्षकों की सभा में। सभा में हूँ मगर बाहर हूँ। रावी याद आ जाते हैं—पूछता हूँ 'क्या मैं अंदर आ सकता हूँ?' सवाल पचास बरस पुराना है। मगर सनातन है इतना कि एक सन्नाटा रच देता है। सभासद सकते में हैं—सभा में हैं मगर सभी उससे बाहर हैं। मेरा सवाल सभासदों के सभा में लौट आने तक बाहर खड़ा रहता है। जब कोई अंदर है ही नहीं तो कैसे कहेगा कि हाँ आ जाओ। जो भीतर हैं वे ही भीतर नहीं हैं। सन्नाटा रचने वाला मेरा सवाल थिर हो गया है। उत्तर की प्रतीक्षा में मैं बाहर खड़ा रहता हूँ।

मगर यह तय है कि मैं भीतर जाना चाहता हूँ। मन मंदिर में प्रवेश चाहता हूँ। बाहर से कुछ भी कहना मुझे रुचिकर नहीं है। अब तक बाहर ही बाहर बजते रहने वाले सारे भोंपू मैंने सुने हैं और उनके असर को आँका भी है, अच्छी तरह। बाहर से बजने

या बाहर से कुछ कहने का प्रभाव हो भी कैसे सकता है? देश के मनीषी चिंतकों ने बहुत सोच-विचार कर ऑल इंडिया रेडियो को एक आत्मीय गरिमा और पौराणिक प्रामाणिकता देने के लिए आकाशवाणी नाम दिया था। आकाशवाणी की अवधारणा का हमारे मन में गहरे कोई स्थान था, मगर तब शर्त यह थी कि आकाशवाणी वाले हमारे उसी अंतरमन के साथ सही ट्यूनिंग करते! वे ऐसा नहीं कर पाए और आकाशवाणी का चौबीस घंटे बजना भी बेमानी हो गया।

इसलिए ही मैं पूछता हूँ 'क्या मैं अंदर आ सकता हूँ?' अंदर आए बिना और मन में स्थान पाए बिना मैं कुछ कहना ही नहीं चाहता। कहूँगा तो उसका कोई अर्थ भी नहीं होगा। पहले हम परस्पर 'एक दूजे के लिए' मन में स्थान बनाएँ। हर तरफ से आते हर शब्द को लपक कर ग्रहण कर लेने की आतुरता जगाएँ तभी किसी सभा की सार्थकता है। किसी संवाद की सफलता है। अन्यथा होता यह है कि हम सभा में होते हैं और सभासद बाहर होते हैं। हम घर में प्रवेश चाहते हैं और घर वाले ही बाहर होते हैं तो फिर कौन किसकी अगवानी करेगा? कौन किसकी बात सुनेगा? बात को सुनने का आनंद ही तब है जब हम एक दूसरे के साथ हो जाएँ। मन से।

मन से साथ हुए बिना संवाद नहीं होता। संवाद हुए बिना परस्पर समझ नहीं बनती। एक दूसरे के अनुभव से परस्पर सीखने की सारी संभावनाएँ अवरुद्ध हो जाती हैं। फासले बढ़ने लगते हैं। ऊपर से सारी औपचारिकताओं को निभा लेने के कारण सब कुछ ठीक ठाक दीखता है मगर मन में दूरी बनी रहती है। इसमें हम साथ रहते हुए भी अकेले होते हैं। ऐसी अनमनी नीरवता व ऐसा एकाकीपन हम से अपनी निजता को हर लेता है और हम अपने

ही साथ नहीं होते हैं। यह एक ऐसी स्थिति है जिससे बचना चाहिए मगर विडंबना है कि आज के समाज में किसी अनचाही आपाधापी में संलग्न अधिसंख्य महिला, पुरुष ऐसे ही एकाकीपन में जी रहे हैं। ऐसा एकाकीपन यूरोपी समाज में एलीनेशन कहलाया था और बहुत बड़े सांस्कृतिक संकट के रूप में प्रकट हुआ था। भारतीय समाज भी ऐसे ही किसी संकट से ग्रस्त है। यहाँ संकट अस्मिता का है। अपनी निजता को पाने का है। यह संकट और भी बड़ा है। शायद इसलिए कि अपना आपा खोकर ही अपने को पाया जा सकता है, मगर यहाँ तो सारे प्रपंच अपने आपे की रक्षा को संबोधित हैं। शिक्षा भी अस्मिता को भूलकर अहंकार के रक्षण-पोषण में लगी है। इस हालत में हमारा हमसे ही नाता टूट जाता है। हम घर में होकर भी घर में नहीं होते। तो मेरा यह सवाल कि 'क्या मैं अंदर आ सकता हूँ?' अंदर के देवता को जगाने का प्रयास है। अपने को पाने का प्रयास है। फिर आपकी ही इजाजत से आपके घर में आने का प्रयास है। अभी मैं द्वार पर हूँ। बाहर खड़ा हूँ और भीतर आने की इजाजत चाहता हूँ।

मैं बाहर हूँ द्वार के इस पार। आप भीतर हैं या हो जाएँ तो मुझे आने को कहें। मेरी अगवानी करें। आने का स्वागत नयनों की भाषा से करें क्योंकि मेरे पूर्वजों ने कहा है—**तुलसी तहाँ न जाइए नैन न बरसे नेह।** मैं भी नैनों से बरसते उसी नेह की बाट जोहता बाहर खड़ा हूँ। वही सवाल करता बाहर खड़ा हूँ जो मैंने 1950 में कक्षा के बाहर खड़े होकर करना सीखा था। मैं आज भी प्रतीक्षारत हूँ कि जीवन की कक्षा का कोई मास्टर मुझे इजाजत देगा और अपने मन-मंदिर में बिठा लेगा। यह तभी संभव होगा जब भीतर का देवता जागेगा। उसी जाग्रत देवता को पालागन करने को खड़ा हूँ मैं, बाहर।

❑

शिक्षा के द्वार

एक पुरानी वैदिक उक्ति है कि आओ दिमाग की सारी खिड़कियाँ खोल दें और चारों तरफ से खुली हवा और रोशनी आने दें। यह उक्ति जितनी छोटी है उतनी ही इसके अर्थ व्यापक हैं। वैसे भी कुदरत ने हमारे शरीर को द्वार-मय बनाया है। दो कान हैं सुनने के लिए। हम एक तरफ से नहीं सुनते। दोनों तरफ से सुनते हैं। बात एक ही है मगर ग्रहण करने के मार्ग दो हैं। ऐसे ही देखते हम एक चीज को हैं मगर देखने के लिए कुदरत ने आँखें दो दी हैं। सुगंध या सुवास जिधर से भी आए एक जैसी ही लगती है और समान रूप से सारे शरीर को घेर लेती हैं मगर उसे ग्रहण करने के लिए कुदरत ने दो नासिकाएँ दी है। इतनी सारी चीजों को ग्रहण करने के द्वार जहाँ दो हों वहाँ कुदरत ने अपनी बात कहने के लिए यदि एक मुँह ही दिया है तो अर्थ बहुत सरल है कि ज्यादा देखो, ज्यादा सुनो, ज्यादा सूँघो अर्थात महसूस करो मगर कहने के उतावलेपन से बचो, बड़बोलेपन से बचो और बोलने का संयम बरतो। ऐसे संयम का अभ्यास करो।

शिक्षा के ऐसे द्वार पर खड़ी शिक्षा यदि एकांगी होती है तो मन को बहुत ग्लानि होती है, शर्म आती है और प्रश्न उठता है कि हम द्वार के अर्थ क्यों भूल गए हैं? द्वार में एक तरफ तो उसका

द्वैत है जो उसे दो-अंगी बनाता है और एकांगी होने से बचाता है और दूसरी तरफ उसके दोनों ओर का वो आकाश है जो किसी भी ज्ञान को इधर से उधर और उधर से इधर आने और जाने की आजादी देता है। द्वार कहता ही यह है कि कभी एकांगी मत बनो। कुदरत ने हमें दो होठ न दिए होते तो आज अपनी बात कहने को उतावली होती सभ्यता भला कैसे मुँह खोलती और अकेली जीभ भी बेचारी क्या कर लेती? अपनी बात को कहने से पहले भी कुदरत ने चेहरे पर अपने ही मुँह में हमको एक ऐसा आकाश दिया है जो सुरसा के मुँह की तरह बड़ा भी हो सकता है। वह आकाश भी अंतहीन है, वह हमारे अंतःस्तल की अनंतता का परिचायक है। प्रसंगवश लिखना उचित लगता है कि वैसा अंतःस्तल यदि अपने मायावी अहंकार के कारण अतलांत बनने का परिचय दे भी दे तो बजरंग-बली हनुमान को अपनी संपूर्ण विनम्रता के साथ सूक्ष्म रूप धरना पड़ता है। अनुरोध है कि पाठक इन शास्त्रीय उपमाओं छिपे अर्थ सुनें, देखें और विचारें।

बात हम द्वार की कर रहे थे। नई सभ्यता की दुर्घटना ही यह है कि द्वार की जिस संस्कृति को जीते हुए हमने अपने घर में दो-दो दरवाजे लगाए थे वहाँ से दो दरवाजे भी विलुप्त हो गए हैं। अब सिर्फ एक दरवाजा खुलता है। इमारतों में लगे हुए ये एक-एक दरवाजे संस्कृति को एकांगी बनाने के परिचायक प्रयास हैं। अब नई सभ्यता में हमें न तो द्विज होना अच्छा लगता है, न परस्पर भाव विनिमय के लिए इक दूजे के लिए जीना अच्छा लगता है। अहंकार ने जादू का ऐसा डंडा फेरा है कि इमारतें भी अपने एक-एक दरवाजे के साथ बस मैं-मैं बोलती नजर आती हैं। वे न तो आने का आमंत्रण देती हैं न द्वार के खुले रहने के प्रति आश्वस्त करती हैं बल्कि इसके विपरीत हर दरवाजे के पीछे डोर

क्लोजर का लग जाना इस सभ्यता को अधिक सुखद लगता प्रतीत होता है। मैं कैसे कहूँ की शिक्षा के तमाम आचार्यों के कमरों के दरवाजों पर लगे डोर क्लोजर हटा दिए जाएँ। दरवाजा यदि बंद ही रखना है तो बनाया क्यों था? मात्र अपने प्रवेश के लिए द्वार कभी होता ही नहीं। शिक्षा के द्वार में तो शिष्य और शिक्षक दोनों समाए हैं। दोनों एक-दूसरे के लिए हैं, एक दूसरे के साथ हैं और साथ ही एक दूसरे के पूरक हैं। फिर शिक्षा का द्वार तो सदा खुले रहने का संदेश देता है। विचार और भाव के अविरल प्रवाह के प्रति समाज को आश्वस्त करता है। द्वार बंद करने या किसी भी प्रवाह को अवरुद्ध करने को वहाँ कोई स्थान ही नहीं है। फिर क्यों बंद होते हैं शाला के द्वार? क्यों बंद होता है दोतरफा आलाप-संलाप? क्यों एकालापी हो जाते हैं शिक्षक और एकांगी हो जाती है शिक्षा?

अजीब दुर्घटना है कि शिक्षा सिर्फ एकांगी हो गई है। बालक क्या बोलना चाहता है, क्या कहना चाहता है, क्या सोचता है, क्या रचता है, कैसे रंगों का संयोजन करता है, कैसी ध्वनियों के संयोजन से अपने जीवन में कैसी एक नई लय की रचना करता है, किन-किन सुरों को चुनकर के अपनी रचनाओं में कैसे संगीत का सृजन करता है—इन सबको सुनने की फुर्सत शिक्षा की शालाओं को, विद्यालयों को, शिक्षकों को नहीं है। हम बालक के अंतरमन में पैठने और अंतःकरण में झाँकने की बात को एक बार भुला भी दें तो कम से कम बालक को इतना तो पूछें—तुम क्या पढ़ना चाहते हो, क्या सीखना चाहते हो, क्या सुनना चाहते हो, क्या देखना चाहते हो, क्या खाना चाहते हो, क्या खेलना चाहते हो, खुद क्या करना चाहते हो, कैसी पुस्तक पढ़ना चाहते हो, कागज पर रंगों से कैसे चित्र बनाना चाहते हो, कैसी तितलियों को देखना चाहते हो, किन बगीचों

में घूमना चाहते हो और अपने मित्रों के साथ घुलमिल कर कैसी बातें करना चाहते हो? कहाँ फुर्सत है शाला को?

हम शिक्षा के द्वार पर खड़े हैं ना! तब भला किसी भी भाव या भावना को भीतर आने से कैसे रोक सकते हैं? द्वार के दोनों तरफ खुलते आकाश को कैसे अनदेखा कर सकते हैं?

❑

लोचन अनँत उघारिया

कबीर ने गुरु की महिमा में एक साखी कही थी—

सद्गुरु की महिमा अनँत, अनँत किया उपगार।
लोचन अनँत उघारिया, अनँत दिखावनहार।।

इसे बरसों पहले पढ़ा था। इसके भाव और कथ्य के अहसास के साथ। तब यह अत्यंत प्रिय लगी थी। हृदय में अंकित हो गई थी। इसके शब्दों और आशय से मैं तब से अब तक घिरा रहा हूँ। इतना घिरा रहा हूँ कि अपनी वाणी या लिखावट में जब कभी भी 'लोचन' शब्द का प्रयोग किया तभी मन कबीर के प्रति अनुग्रह भाव के साथ विनत हो गया। 'अनँत', 'उपगार' और 'दिखावनहार' भी मन में केवल कबीर की धरोहर के रूप में बसे रहे—मेरे सामान्य शब्दकोश से विलग। मगर जब भी प्रयोग में आए तब-तब कबीर के स्मरण के साथ। शब्दों और उनके प्रयोग को अपनी पहचान के साथ यूँ बाँध देना सदा सर्वदा के लिए, यह केवल भारतीय संत कवियों के यहीं संभव है। हमारी इस संत परंपरा में हर कवि की अपनी शब्द-विरासत है और उसमें ही वे साक्षात् खड़े दीखते हैं।

इस साखी के शब्द तो समा गए थे मेरे भीतर मगर साथ ही 'सद्गुरु' की 'आस' भी मन में जग गई थी। एक सहज आकांक्षा

जाग गई। तलाश शुरू हो गई और आँखें वैसे ही किसी सद्गुरु को हेरने लगीं जो अनंत दिखावनहार हैं। 'अँखियाँ हरिदर्शन की प्यासी' की तर्ज में ही वे गुरुदर्शन की प्यास लिए, टकटकी बाँधे मेरे साथ देश-विदेश विचरती रहीं। विचरते रहे मेरे साथ शायद कबीर भी मगर आँखें तो मेरी थीं, मेरे गुण-दोष भी इनके साथ थे। गुरुदर्शन होता कैसे? कोई ऐसे ही भला कैसे मिलता कि मैं उनमें सद्गुरु के दर्शन कर पाता!

इस बीच हरिदर्शन की तरह गुरुदर्शन को प्यासी मेरी आँखें गुरु स्वरूप को रूपायित करने में लगी रहीं। वे तलाशती रहीं कि कैसे होंगे मेरे गुरु? कैसी कद-काठी होगी? कैसा शरीर सौष्ठव और कैसा परिधान? कैसा होगा उनका दर्शन? कितना विराट् और अलौकिक होगा गुरु दर्शन!

एक अद्भुत संयोग था कि ऐसे विराट् और व्यापक गुरु-स्वरूप की कल्पनामात्र के साथ मन में विनय जागती गई। मन पल-पल गुरु स्वरूप के प्रति नत-विनत होता गया। धीरे-धीरे वे तमाम लोग मेरे करीब आते गए जो 'हौं प्रसिद्ध पातकी' अथवा 'मो सो कौन कुटिल खल कामी' जैसी उक्तियों के समर्थ सर्जक थे। वे भी कभी मेरी अंतर्यात्रा के पथिक रहे होंगे। उनकी विनम्रता मुझे लघुता की ओर ले जाती रही। जितनी उत्कट इच्छा के साथ मैं गुरु की तलाश में तल्लीन रहता, उतनी ही लघुता मेरे करीब आती रहती। मुझे राह मिली कि गुरु की तलाश में लघुता का वरण आवश्यक है। रहीम याद आए। नल के पानी और नर की गति पर उनकी टीप याद आई। नानक याद आए, 'नानक नन्हे ह्वै रहो, जैसी नन्ही दूब' जैसी प्रसिद्ध पंक्ति के साथ मन फिर नत-विनत हो गया। गुरु की चाहत और उसे कल्पना के स्तर पर रूपायित करने से ही राह मिल जाती है, ऐसा तो मैंने कभी सोचा भी नहीं था। वैसे राह मिली भी नहीं

थी। सूत्र मिला था। गुरुता में लघुता और लघुता में गुरुता का अहसास मात्र हुआ था। किसी पड़ाव पर नहीं पहुँचा था मैं।

यात्रा जारी रही। कबीर फिर साथ हो लिए। अनँत के सिवा सब कुछ नगण्य लगने लगा। जो कुछ भी दृश्य था, साकार था, सृष्टि की सीमा में बँधा था वह सब नेति-नेति के महामंत्र में समा गया। 'इति' कहीं होती भी नहीं, ऐसी यात्रा की। एक जनम में भी नहीं, सौ जनम में भी नहीं। तो फिर जन्मजन्मांतरण का स्मरण हुआ। अहसास हुआ कि यह यात्रा जाने कितने जन्मों से चल रही है। सच यह है कि यह चल रही है और इस यात्रा में वे सद्गुरु साथ हैं जिनकी तलाश है। तलाश तो बाहर होती है। अपने से बाहर। तन-मन से विलग। ऐसा भला कैसे संभव है कि जो साथ है वह बाहर दीखेगा! मगर हम तो कस्तूरी मृग भी नहीं हैं—न कस्तूरी है, न सुवास है, सिर्फ यात्रा है। यात्रा जारी है। हम इसके जातरू हैं और सद्गुरु हमारे साथ हैं।

सद्गुरु की कृपा ही यह है कि जातरा जारी रहती है। रुकती नहीं। थमती नहीं। शायद इसीलिए कि सद्गुरु स्वयं गतिशील हैं, प्रवाहमान हैं, नदी की तरह। कल-कल और छल-छल का संगीत इस यात्रा की संगति है। चलना और बहना एक सच्चाई है।

सद्गुरु मगर इसे भी सच नहीं मानते। सच मान लेने के बाद थमना परिणाम है। ऐसा परिणाम सद्गुरु को मंजूर नहीं। वे फिर कान में कह देते हैं नेति-नेति। चरैवेति चरैवेति का आदेश फिर सुनाई पड़ता है और हम चल पड़ते हैं।

आस बनी हुई है कि सद्गुरु मिलेंगे, प्रकट होंगे, दर्शन देंगे और तब हम विस्फारित नेत्रों से बस भौचक देखते रहे जाएँगे। इन नश्वर नेत्रों से उस अलौकिक आलोक को पी लेने को मन होगा कि सद्गुरु की कृपा हो जाएगी। तब अहसास होगा कि

लोचन कैसे अनँत उघारे जाते हैं। तब कुछ भी स्वीकार्य नहीं होगा अनंत के सिवा। मंजूर नहीं होगी कोई रूप-सृष्टि भी। वहाँ भी आकार है। सृष्टि सब साकार है। सद्गुरु के दिए 'लोचन' इसके पार, आर-पार देखते हैं। जहाँ सिर्फ सौंदर्य है, आलोक है, संगीत है और अनहद का आलाप है। यहाँ फिर कबीर साथ होंगे जो कहेंगे—

गुरु गोविंद दोनों खड़े, काके लागूँ पाँयँ
बलिहारी गुरु आपनी, गोविन्द दियो बताय।।

फिर यात्रा जारी रहेगी यह जानने के लिए कि कौन गोविंद हैं और कौन गुरु हैं? अनंत अन्वेषण की उत्कट अभिलाषा को जिंदा रखने वाली यह यात्रा ही शिक्षा है। सूर को देख लेने की सामर्थ्य दे देने वाली शिक्षा। पंगु को पहाड़ पर चढ़ा देने और गूंगे को वाणी दे देने वाली शिक्षा। जीव और ब्रह्म का झगड़ा मिटा देने वाली शिक्षा। हमें इस यात्रा को जारी रखना है। अपनी सारी विनम्रता के साथ। अपनी लघुता के साथ।

❑

लीक और लकीर का फर्क

कुछ बरस पहले मैंने एक साक्षरता शिविर आयोजित किया था। संकल्प था कि इक्कीस दिन के इस शिविर में आई सभी महिलाओं को साक्षर करूँगा : अपने अब तक के अनुभवों व नाना तौर-तरीकों को जाँचूँगा-परखूँगा। यह शिविर मैंने अपनी आंतरिक आवश्यकता के कारण आयोजित किया था। लगभग एक अनुष्ठान की तरह। इस शिविर में ही मैं जान पाया था कि साक्षरता एक सर्वथा सांस्कृतिक कर्म है। एक सृजनात्मक कर्म है। इतना सृजनात्मक कि अपनी अंतःप्रक्रिया में यह निरंतर सौंदर्य की रचना करता है। गीत और संगीत की रचना करता है। सीखने वाला तो इसमें केवल अक्षर और लिखना-पढ़ना सीखता है, मगर सिखाने वाला स्वयं न केवल निरंतर सीखता रहता है, बल्कि समाज की एक ऐसी अविरल सांस्कृतिक-धारा से जुड़ जाता है, जो उसे हरा-भरा रख सकती है। यह सांस्कृतिक-धारा लोक-जीवन की अंतःधारा है—अब तक के जीवनानुभवों व अनुभूत सत्यों की अविरल धारा। साक्षरता का सही प्रयास इस धारा के अब तक बंद द्वार खोल देता है और सिखाने वाला स्वयं इसमें नहा कर नया जन्म लेता है।

इस शिविर में आई हर महिला अपने ही जीवन में अर्जित ज्ञान और कर्म के मर्म की एक तिजोरी थी। हर महिला दुःखों की

एक गठरी थी। अपने जीवन में घटने वाली त्रासद घटनाओं की एक लंबी श्रृंखला के दुःखों में तप कर कुंदन बनी बहनें आखर के उजास की ललक लेकर आई थीं इस शिविर में। इनमें एक गीता गूजर भी थी।

मैं एक दिन गीता को हल का 'ह' लिखना सिखा रहा था। पहले तो गीता ने हल के 'ह' का ऊपरी आकार पाटी पर उतारा—बार-बार। मगर निचला आकार माँडते हुए वह लड़खड़ा जाती थी। मैं लगातार कई तरकीबें काम में लेता रहा, मगर नीचे का मोड़ उसे हताश करता रहा। मैं हल की याद दिलाता, हल का चित्र दिखाता और हल के आकार और अक्षर 'ह' में छिपे साम्य का बार-बार खुलासा करता। मगर गीता रुक जाती; मुझे भी कहती बार-बार, 'ढबज्यो भईसा!' मैं ठहर जाता। मैं गलती यह कर रहा था कि केवल 'लकीर' के सहारे 'ह' लिखना सिखला रहा था। जब-जब मैं लकीर का नाम लेता, गीता उसकी जगह 'लीक' शब्द का प्रयोग करती। मैं फिर भी 'ह' को एक रेखागणितीय आकार के रूप में ही उसे सिखाने की कोशिश करता रहा। मुझे सहसा यह महसूस हुआ कि गीता का 'ह' के साथ कोई रेखाई रिश्ता नहीं है। यह अक्षर उसके लिए दरअसल हल का 'ह' है। वह कहती भी रही कि लीक तो हम रोज ही खेत में माँडते हैं, मगर इस इंगित को मैं देर से समझा।

जब समझा तो जैसे मेरे सामने बिजली कौंध गई। मैंने तुरंत पाटी और कॉपी का साथ छोड़ा और वापस माटी पर आ गया। इस शिविर का पहला पाठ और सारा प्रारंभिक अभ्यास माटी पर ही शुरू किया था। हमारा नारा था—'माटी की पाटी, अँगुली से आखर।' मगर प्रारंभिक अभ्यास के बाद स्वभाववश हम पाटी व कॉपी पर ही आ गए थे। गीता का 'लीक माँडने' का इंगित समझ

जब हम माटी पर आए तो 'ह' माँडने में गीता को कोई देर नहीं लगी। उसने उन्मुक्त होकर ज़मीन के विस्तार का उपयोग किया और एक बड़ा सारा 'ह' माँड दिया। गीता के 'ह' का आकार बड़ा था। लगभग दो फुट लंबा-चौड़ा।

गीता का यह इंगित पिछले वर्षों में कई नए अर्थ देता रहा। मुझे यह बता सका है कि लोक-जीवन में लकीर पीटना या लकीर का फक़ीर बनना कभी धर्म नहीं माना जाता। इसके विपरीत वे 'लीक' के प्रति आस्थावान होते हैं। 'लीक' पालि भाषा में एक प्रतिष्ठित शब्द है; अर्थ है सत्य और सत्य पर आचरण। बौद्ध प्रार्थना एक स्थान पर कहती है 'लीकेन अलीक वादिनो'—तुम सत्य बोल कर असत्य बोलने वाले को जीतो। सत्य से असत्य को जीतने की संस्कृति ही लोक-संस्कृति है। यह धर्म की तरह 'लीक' के साथ जुड़ी है। लीक जो धरती पर माँडी जाती है। हल की सित से मांडी गई लीक सीता बन कर सूर्यवंशी राम का वरण करती है। तब वह अन्न को जन्म देती है। जीवन को जन्म देती है। प्राणों को प्रसूत करती है। कैसा अद्भुत संयोग है यह!

दूसरी तरफ 'लीक' हृदय में माँडी जाती है। हृदय पर मँडी लीक मानवीय रिश्तों को पुख़्ता करती है। पीढ़ी-दर-पीढ़ी को सँजो कर रखती है। किसी के मिटाए नहीं मिटती।

उधर धरती और आखर का रिश्ता कबीर के भी करीब था। उनको भी धरती से छोटा कोई कागद स्वीकार्य नहीं था :

सात समंद की मसि करौं लेखनि सब वनराय।
धरती सब कागद करौं हरिगुन लिखा न जाय।।

अक्षर का अहंकार रचने वाले पंडितों के आगे तो कबीर भी निरक्षर थे!

□

एक पाठ्यक्रम अपने लिए!

राष्ट्रीय शैक्षिक अनुसंधान और प्रशिक्षण परिषद् ने 'विद्यालयीय शिक्षा के लिए राष्ट्रीय पाठ्यचर्या की रूपरेखा' नामक एक 'परिचर्चा दस्तावेज' प्रकाशित किया है।

इस दस्तावेज की प्रस्तावना ही यह कह देती है—"दस्तावेज का यह प्रारूप वस्तुतः अपरिहार्य परिस्थितियों में तैयार किया गया है। दस्तावेज के इस प्रारूप को तैयार करने में बहुत लंबा समय इस कारण नहीं लगाया जा सकता था कि यदि इसमें और अधिक समय लगाया जाता तो पाठ्यक्रम के चिर-अपेक्षित नवीकरण और पाठ्य पुस्तकों के नव-सृजन का काम और अधिक पिछड़ जाता।" जाहिर है कि यह दस्तावेज हड़बड़ी में तैयार किया गया है। यह भी स्पष्ट है कि पाठ्य पुस्तकों के नव-सृजन का काम भी आरंभ हो गया होगा। ऐसे में इस दस्तावेज पर कोई भी टिप्पणी बेमानी हो जाती है। सुना है कि इस दस्तावेज पर देश की सभी दिशाओं में सार्थक-संवाद के आयोजन किए जा रहे हैं। उम्मीद की जा सकती है कि इन संवादों के संदेश शास्त्री भवन तक पहुँचेंगे।

जब से मैंने इस दस्तावेज को देखा-पढ़ा है तब से मुझे लगने लगा है कि हमें तत्काल हमारे अपने लिए एक पाठ्यक्रम बनाना चाहिए। शिक्षा का काम करने वाले हर व्यक्ति का अपना एक

अलग पाठ्यक्रम होना चाहिए। विकास व समाज परिवर्तन का काम करने वालों के लिए भी अपना एक पाठ्यक्रम बनना चाहिए। यह बात केवल व्यक्ति तक सीमित नहीं है बल्कि हर सरकारी व गैर-सरकारी संस्थाओं का भी एक पाठ्यक्रम होना चाहिए। हमें तुरंत मिल बैठकर ऐसे एक पाठ्यक्रम की रचना करनी चाहिए और फिर तय करना चाहिए कि कैसे हर घर-परिवार, हर व्यक्ति, हर संस्था, हर सरकार, और तमाम सरकारी शैक्षिक व गैर-शैक्षिक संस्थाएँ अपने-अपने लिए बने इस पाठ्यक्रम पर कल कैसे और किस प्रकार अमल करेंगे। फिर से अपनी शिक्षा की शुरुआत कैसे करेंगे। नई ताजगी के साथ। अब तक के अनुभवों से कुछ सीख कर तथा पुरानी शिक्षा को भूलकर। यह पाठ्यक्रम नए सिरे से सीखने की शुरुआत का पाठ्यक्रम होगा।

अपने लिए पाठ्यक्रम बनाने से पहले हमें तय करना होगा कि इंसानियत की कक्षा में हम कौन से दर्जे तक की योग्यता रखते हैं। हमारी जन्मजात मानवी उदारता किस दर्जे तक सुरक्षित रह गई है? हमारी सत्य-निष्ठा के अवशेषों का दर्जा क्या है? हमारे संतों द्वारा पढ़ाए गए ढाई आखर कितने उजले धुले रह गए हैं? शिक्षा के तमाम प्रयासों के बावजूद प्रतिदिन कुछ पढ़ने व विचारने के लिए हमारे पास कितना अवकाश बच गया है? गांधीजी के प्रिय भजन वैष्णव-जन को लिखने वाले नरसी मेहता को देश के कितने फीसदी लोग जानते हैं? सारे देश के बालकों का पाठ्यक्रम बनाने वाले लोग क्या कभी इस भजन की एक-भी पंक्ति को अपने जीवन में चरितार्थ होता देखते हैं?

विश्वास कर सकता हूँ कि ऐसा आकलन हम पूरी ईमानदारी से करेंगे और फिर अपने-अपने स्तर के अनुरूप और जरूरत के मुताबिक एक निहायत 'नीड बेस्ड' पाठ्यक्रम की रचना करेंगे। इसमें

हम तय करेंगे कि हमें क्या सीखना है? कैसे सीखना है? कब सीखना है और सीखना चूँकि एक सतत और आजीवन प्रक्रिया है इसलिए हमें तय करना ही है इस सातत्य को बनाए रखने के लिए हमें क्या करना होगा। सीखने की हमारी आंतरिक आवश्यकता को गति कौन देगा। उसे संचालित, परिचालित करने के लिए कैसे-कैसे ऊर्जा केंद्रों की जरूरत होगी। क्या करना होगा कि एक बार आरंभ हुई शिक्षा-प्रक्रिया पुनः आज जैसे जड़त्व को प्राप्त न हो जाए।

हम, हमारी संस्थाएँ, हमारी सरकारें और हमारे सारे तथाकथित 'सिस्टमस' आज एक भीषण जड़ता के शिकार हो गए हैं। अत्यंत गतिशील एवं गगनविहारी विश्व में व्यवहार एवं विचार के स्तर पर सब कुछ ठहर गया है, बाकी सब चालू है। सब कुछ आकाशमार्ग से संपन्न हो रहा है। ऊपर-ऊपर से। अपनी संपूर्ण सतही गरिमा के साथ। जड़ों की किसी को जरूरत भी नहीं। मूल को सींचने की बात अब भारी भूल है। अब तो खंभों के सहारे तार-तार गुजरता ज्ञान भी हमें प्रामाणिक प्रतीत नहीं होता। हर जानकारी का बजरिये देवलोक आना अब अधिक अच्छा लगता है। सीधे सैटेलाइट से। विलक्षण दृश्य यह है कि ऐसे संसार में भी सब कुछ ठहरा हुआ है। गति के भीतर बने इस गतिरोध को हमें समझना होगा। फिर से जड़ता को समाप्त करने की कोई प्रार्थना करनी होगी।

ऐसी स्थिति में अत्यंत जरूरी है, एक पाठ्यक्रम अपने लिए। हमें एक पाठ्यक्रम अपने लिए बनाना है। बालकों से सीखने का पाठ्यक्रम। बालकों की जन्मजात सत्य-निष्ठा से सीखने का पाठ्यक्रम। उसी सत्य-निष्ठा को वरण करने का पाठ्यक्रम जो सत्यकाम जाबाल को सारे सांसारिक संकोच से मुक्त कर निडर बना सकी थी। अभय दे सकी थी।

एक पाठ्यक्रम हमें स्वयं अपने को अन्वेषित करने के लिए बनाना है। अपनी अस्मिता के अन्वेषण के लिए। अपने को पाने के लिए एवं औरों को अपना बनाने के लिए। क्या हम ऐसा कर सकते हैं? क्या हम स्वाध्याय की पुनः प्रतिष्ठा कर सकते हैं? इसके लिए जरूरी है—एक पाठ्यक्रम अपने लिए!

❑

शिक्षा की परीक्षा कौन ले?

परीक्षाओं का मौसम गया। लाखों करोड़ों बालक दहशत के लंबे दौर से गुजरे हैं। इस दहशत के दुष्प्रभाव की आयुर्वैज्ञानिक जाँच की बात न किसी को आज तक सूझी है और न इस 'महान्' देश में ऐसी कोई व्यवस्था है कि कच्ची माटी को इस कदर पहुँचाई गई ठेस का परीक्षण हो सके। देश के तमाम बच्चे इस नुकसान को ताजिंदगी भुगतने को अभिशप्त हैं। बात केवल इतनी ही नहीं है, जो इस दहशत को नहीं झेल पाते या जो इस परीक्षा व्यवस्था के पक्षपाती व अन्यायी स्वरूप के शिकार होते हैं वे आत्महत्या कर लेते हैं। हजारों बच्चे हर साल एक नितांत खोखली और अनैतिक परीक्षा व्यवस्था की बलिवेदी पर चढ़ते हैं। हमारे पास आँकड़े भी नहीं हैं कि हर साल पूरे देश में कितने बच्चे परीक्षा के भय या परिणाम सुनकर आत्म-हत्या कर लेते हैं? जापान से आए भाई आओयागी बता रहे थे कि वहाँ भी ऐसा होता है। विचार की बात है कि परीक्षा की हिंसा विश्वजनीन सच क्यों हो गई है?

मगर परीक्षाएँ फिर भी जारी हैं—बदस्तूर। परीक्षाओं का स्वरूप बदलना चाहिए, उसे अधिक बालकोन्मुखी व मानवी होना चाहिए, उसे खौफ-रहित और लचीला होना चाहिए—ये सारी मनोहारी बातें हमारे सभी शिक्षा-आयोगों की सिफारिशों में लिखी हैं—मगर अमल

कौन करे उन पर? माजरा इससे उल्टा है, परीक्षाओं को दिनोंदिन जटिल और खौफ़नाक बनाया गया है। इसी खौफ़ और दहशत के शिकार होते हैं बच्चे। हम सिर्फ मातम मना कर रह जाते हैं। मातम भी सिर्फ घरों तक सीमित रह जाता है—मगर देश का माथा कभी नीचा नहीं हुआ कि कोई बालक शिक्षा की बलिवेदी पर अपना जीवन दे गया।

यह एक गहरे संताप का विषय है मगर साथ ही गवेषणा का भी कि क्यों होता है ऐसा? गवेषणा के भी तीन महत्वपूर्ण दायरे हैं। पहला तो यह कि परीक्षाएँ अभी तक बालकोन्मुखी क्यों नहीं बन सकीं? उनका स्वरूप बालसुलभ व सुकोमल क्यों नहीं बन सका? अन्वेषण का दूसरा दायरा यह है कि हमारे परीक्षा-तंत्र पर दिनोंदिन बुद्धि का वर्चस्व क्यों बढ़ता जा रहा है? परीक्षा केवल बौद्धिक कुशाग्रता को जाँचने का मानदंड बन कर रह गई है? परीक्षा-प्रणाली में बालकोन्मुखी, हृदयोन्मुखी, मूल्योन्मुखी बाल विकास को जाँचने की लालसा कभी क्यों नहीं पैदा हुई? आज तक कोई भी परीक्षा परिणाम यह क्यों नहीं बता सका कि तालीम के इस दौर में इतने बालक सच बोलना सीखे हैं? इतने बालकों में करुणा जगी है और वे दरिद्र नारायण की सेवा को सत्संकल्पित हो सके हैं? इतने बालक सदाचारी और सद्व्यवहार करने वाले बन गए हैं? इससे भी बड़ी बात यह है कि कितने बालक अपने बाल मन व बाल स्वभाव की निर्मलता, निश्छलता व सदाशयी सरलता को सुरक्षित रख सके हैं? कितने बालकों का बचपन बचा रह गया है? शिक्षा का बड़ा काम तो बचपन को सींचना और पुष्पित पल्लवित होने देना था? उससे पहले ही ये परीक्षाएँ कहाँ से बीच में आ गईं। पुष्पों के प्रस्फुटन से पहले हम किस खुशबू की खोज में जुट गए? हमें थोड़ा आत्ममंथन करना चाहिए, कि

ऐसा कैसे हो गया? वैसे ये अलग बात है कि हमारी गवेषणा इस सबके बीज इसी शिक्षा व्यवस्था में देख लेगी। तब हमें विचार करना होगा हमारी शिक्षा की अंतर्वस्तु पर, इसके अभीष्ट पर!

शिक्षा जो परीक्षा पर इतना जोर देती है उसकी परीक्षा भला कौन लेगा? कौन पूछेगा उससे कि तुम क्या करने चली थी और क्या दिया अब तक समाज को, देश को, विश्व को। एक बड़ा आँकड़ा बोलता है कि विश्व के पचास लाख सर्वोच्च-शिक्षित एवं प्रखरतम बुद्धिमान लोग केवल मारक हथियार बनाने में लगे हैं। मनुष्य का या समूची इंसानियत का संहार कैसे किया जाए—वह भी छल छद्‌म के साथ, मात्र एक बटन दबा कर, ऐसा मार्ग खोजना व शस्त्र का निर्माण करना उनका एकमात्र काम है। शस्त्रों का निर्माण करने वाले लोग शास्त्रों से कट गए हैं। नीति से दूर हो गए हैं। इंसानियत से कट गए हैं। मनुष्य विरोधी हो गए हैं। क्या यही लक्ष्य था शिक्षा का?

शिक्षा का दूसरा चेहरा हम समकालीन समाज में फैलती नफ़रत में देख सकते हैं। हर जगह फैली यह नफ़रत बंदूकों की खेती करती है और हिंसा में आस्था जगा कर अपने ही देश को विखंडित करना चाहती है। क्या यही लक्ष्य था शिक्षा का? आज टूटते परिवार, महिलाओं पर होते अत्याचार, हिंसक बाजार व शासन के पाखंडी व्यवहार ने शिक्षा को फेल कर दिया है। हम अपने ही घर में बेगाने हो गए हैं। अपने ही वस्त्रों में नंगे हो गए हैं। ऐसे में शिक्षा की परीक्षा कौन ले? कैसे ले? यही पूछना है।

अन्वेषण का तीसरा दायरा यह है कि हमारी परीक्षाएँ अपनी न्यायोन्मुखी अस्मिता को भुलाकर इतनी बे-ईमान क्यों हो गई हैं? पक्षपात, रिश्वत, धोखाधड़ी और बाकी तमाम दुराचारों से ग्रसित कैसे हो गई हैं? परीक्षकों को क्या हो गया है? किसने डस लिया

हमारी शिक्षा व्यवस्था को? ये कैसे हो गया कि देश के आचार्य सहसा विश्वसनीय नहीं रहे? आचार्यों के लिए पैसा इतना प्रधान कैसे हो गया? पिछले दिनों राजस्थान के ही एक मेडिकल कॉलेज की प्रवेश परीक्षा संबंधी जिस तिलस्मी घोटाले का भंडाफोड़ हुआ है वह कई सवालिया निशान लगाता है हमारे परीक्षा तंत्र की न्यायनिष्ठा पर।

ऐसी स्थिति में यह प्रश्न अत्यंत प्रासंगिक है कि शिक्षा की परीक्षा कौन ले?

❑

तुम्हें भूल करने का अधिकार नहीं है!

सीखने का एक मोटा सिद्धांत था—'भूल करने से डरो नहीं।' कहा जाता था कि जो गलती करेगा वही सीखेगा। भारत में सदियों तक इस सिद्धांत पर अमल होता रहा। हम सभी और हमारे पुरखे भी, गलतियाँ करके ही सीखते रहे। गलती करने से हम कभी डरे नहीं और यही कारण रहा कि सीखना और डरना कभी समानार्थक शब्द नहीं रहे। हमारी शिक्षा संस्थाओं की यह एक बुनियादी उदारता थी कि वे कभी भय का सृजन नहीं करती थीं। अभय के आश्वासन के साथ सीखने के उदार अवसर प्रदान करती थीं। इसी अभय ने सीखने के प्रति हमें सदा प्रेरित किया, शिक्षार्थी और शिक्षक के बीच सदा आत्मीय संबंधों का सृजन किया और सीखना सदा आनंददायी अनुभव रहा। मगर आज ऐसा नहीं है।

पिछले कुछ बरसों से भारत में एक नई परीक्षा प्रणाली अवतरित हुई है। इस प्रणाली में भूल करने का अधिकार हमारे पास नहीं है। यदि हमसे कोई भूल या चूक हो जाए तो नंबर कटते हैं। जाहिर है कि यह प्रणाली भूल करने को ही भारी भूल मानती है। मैं नहीं समझ पाया हूँ कि यह कौन से शिक्षा-सिद्धांत पर आधारित प्रणाली है। कहने को तो यह बड़ी उदारवादी प्रणाली है, नॉन थ्रेटनिंग है और यहाँ प्रश्न ऐसे पूछे जाते हैं जिनका उत्तर पल भर

में दिया जा सके, लेकिन आपसे जरा भी भूल-चूक हो जाए तो नंबर कट जाते हैं। इसे निगेटिव मार्किंग का नाम दिया गया है। इस प्रणाली को एक शिक्षा सुधार के रूप में बड़े गर्व से बालकों के सिर पर ऐसे थोप दिया गया कि वे अब भूल करने से डरने लगे हैं। ऐसे में शिक्षा भला कैसे होगी?

पिछले लेख में भी यह प्रश्न उठाया है कि आज की परीक्षा प्रणाली किन बातों की जाँच करती है? किन चीजों की परख करती है? इधर इस प्रणाली के प्रश्नपत्रों का विस्तार से विश्लेषण करें तो पाएँगे कि प्रश्नपत्र सिर्फ बौद्धिक कुशाग्रता की परीक्षा लेते हैं। ये पता लगाना चाहते हैं कि परीक्षार्थी कितना बुद्धिमान है और कितना चतुर है।

ये हमारी प्रत्युत्पन्नमति, हाजिरजवाबी और हमारे बुद्धि-चातुर्य की जाँच करते हैं। ये जानना चाहते हैं कि शिक्षार्थी कितना खरा अंदाज लगा सकता है और कितने कम समय में कितनी फुर्ती से अपनी स्मृति में से तथ्य निकाल कर ला सकता है। स्मृति में ठूँसी गई अनावश्यक एवं अप्रासंगिक जानकारियों का जखीरा ऐसे सवालों के संधान में सहायक होता है। इस प्रक्रिया का जीवन या समाज से कोई वास्ता नहीं होता। ऐसी स्थिति में स्मृति भी तिरोहित होती है और बुद्धि भी। बुद्धि और स्मृति दोनों हमारी विलक्षण शक्तियाँ हैं। शिक्षा का काम इनकी उन्नति है। अवनति नहीं। हमें विचार करना है कि हम इन शक्तियों की रक्षा कैसे करें?

इन प्रश्नपत्रों में कहीं भी यह जानने का कोई प्रयास दीखता ही नहीं कि शिक्षार्थी कितना गुणवान है, कितना गुणाग्राही है, कितना सत्यनिष्ठ है, कितना पढ़ा-लिखा और कितना सृजनशील विचारक है। सृजनशीलता और मौलिकता से इन प्रश्नपत्रों का दूर का भी संबंध नहीं है। यहाँ गुण-अवगुण की तलाश की कोई कोशिश नहीं,

फिर भी ये प्रश्नपत्र शिक्षा को नई गुणात्मक दिशा देने वाले माने जाते हैं। अजीब विडंबना है!

दीखने में ये सारे प्रश्नपत्र कोई गोरखधंधा, माथापच्ची या अबूझ पहेली जैसे दीखते हैं। पहेलियों या गोरखधंधों से दीखने वाले सारे के सारे प्रश्न केवल बुद्धि-चातुर्य की परीक्षा लेते लगते हैं। सौंदर्य-बोध की दृष्टि से आप कभी इन प्रश्नपत्रों का अवलोकन करें तो पाएँगे कि ये प्रश्नपत्र बहुत ही पोचे सौंदर्य-बोध का प्रदर्शन करते हैं। प्रकाशन-सौष्ठव को यहाँ कोई स्थान नहीं है।

एक अहम सवाल यह भी है कि शिक्षा का कोई भी प्रयास कोरे बुद्धि विलास को किस हद तक बढ़ावा दे? विद्यार्थी का रिश्ता कोरी दिमागी कसरत से जोड़ देने का यह आधुनिक प्रयास बुद्धि को भी श्रीविहीन कर बैठा है और स्मृति को भी। वैसे भी बुद्धि को हृदयोन्मुखी होना चाहिए। हृदयहीन-मेधा का शिक्षा में कोई स्थान नहीं। बुद्धि और ज्ञान के बीच खिंची बारीक रेखा सदा हमारी शैक्षिक दृष्टि का सरोकार रही है। हम शिक्षा की सहज साधना से बुद्धि को हृदयोन्मुखी बनाने के प्रयास करते रहे हैं। साथ ही शिक्षा को इस प्रकार संस्कारित करने का संकल्प भी कि हमारी बौद्धिक प्रखरता लोकोन्मुखी बने, लोकसेवा के लिए आवश्यक करुणा व मैत्री को जाग्रत करे तथा शिक्षित समाज कभी भी दंभी व स्वार्थी न बने, लोभ, मोह, मत्सर से सदा दूर रहे। लेकिन ऐसा संभव तभी होता है जब बुद्धि सदा ज्ञान की सहचरी बने, ज्ञान की मर्यादा को स्वीकारे। ज्ञान और बुद्धि का यह सखा-भाव व्यक्ति को विवेकी व विनम्र बनाता है। लेकिन आज की परीक्षा प्रणाली इस संभावना को अवरुद्ध करती है।

एक गंभीर और डरावना सच तो यह है कि इस परीक्षा प्रणाली ने शिक्षार्थियों से अभिव्यक्ति का अधिकार ही छीन लिया है। उनसे

उनकी भाषा छीन ली है। वे अपने को अब व्यक्त नहीं कर सकते। परीक्षा प्रणाली की यह गरज भी नहीं रही कि वह शिक्षार्थियों की भावनाओं और उनकी भाषा से जुड़े, उनकी भावाभिव्यक्ति की सामर्थ्य को पहचाने और इसी मार्फत उनमें एक सच्चे शिक्षार्थी के दर्शन करे। चिंता की बात तो यह है कि ऐसा मार्ग हमने सोच समझ कर चुना है। यह प्रणाली आज विद्यार्थी से सरे-आम यह कहती लगती है कि तुम्हें भूल करने का कोई अधिकार नहीं है! हमें विचार करना है कि ऐसा कैसे हो गया और यह मार्ग कितना श्रेयस्कर है!

❑

अक्षर का आमंत्रण

अक्षर का एक आकार है।

यह आकार विश्व में कहीं भी किसी भी माध्यम से उत्पन्न ध्वनि को आकृति दे सकता है। देता है। आकार के लिए आदमी का मोह पुराना रहा है। अत्यंत प्राचीन। अपने आदिम-काल में वह जाने किन-किन रूपाकारों को गुफाओं की दीवारों पर उकेरता रहा है। उन आकृतियों में बिंब थे, रूप थे, प्रतीक थे। जाने कौन से मनोभाव उन बिंबों में सिमटे थे। मगर पत्थर पर उकेरी गई उन तमाम आकृतियों की एक भाषा थी, व्याकरण थी।

आकारों के इस मोह में निहित थी अभिव्यक्ति की लालसा। मनोभावों को रूपायित करने की ललक और वर्तमान को लाँघ कर, समय के पार पहुँच कर, कल के वास्ते एक अमिट छाप छोड़ जाने की उद्दाम इच्छा।

इसी इच्छा व लालसा से अक्षर का जन्म हुआ था। भाषा का विकास हुआ था। मगर अक्षर का एक सौभाग्य था कि वह ध्वनि से जन्मा था। वाणी उसकी माँ थी। माँ की अस्मिता को अमर बना देने और अगली सदियों में मातृरूपा वाणी को एक कालजयी प्रतिष्ठा देने के लिए ही अक्षर का जन्म हुआ था।

इसीलिए हर अक्षर एक ध्वनि है और हर ध्वनि एक अक्षर।

अक्षर के आकार की अपनी पूर्णता है। संपूर्णता है। वह खंडित नहीं होता। न हो सकता है। हो जाए तो वह अक्षर नहीं रहता।

अक्षर हमारा अभीष्ट है, आराध्य है और आराध्य सदा पूर्ण होता है। इसी पूर्णता में ही रूप है। स्वरूप है। अर्थ है। धर्म है।

आकारों की दुनिया भरी पूरी है। सूरज, चाँद, सितारे, पेड़, पहाड़ सभी कुछ।

संसार में सबसे निकट हमारी माँ का चेहरा होता है। इसे हम कभी भूलते नहीं। यह कभी विस्मृत नहीं हो सकता।

अपने मातृ-रूप की तरह ही अक्षर का भी एक रूप है। एक चेहरा है। यह कोई संयोग नहीं है कि अक्षर का विस्तार मातृका से होता है। मात्रा से होता है। मात्रा मातृ-रूपा होती है। राजस्थानी लोक-जीवन में दीवारों पर 'मांयों' (मातृकाओं) की प्रतिष्ठा तेल की विरल धार से होती है।

रूप का धर्म है कि वह पहली ही दृष्टि में मानस पटल पर अंकित हो जाए। छप जाए। हमारी स्मृति पर अमिट छाप छोड़ जावे।

अक्षर भी यही करते हैं। अपने आकार की संपूर्णता के साथ प्रकट होते ही हमारी स्मृति पर अंकित हो जाते हैं।

आवश्यकता है सजग स्मृति की। खुले दिमाग की। मन में अक्षर के प्रति आदर भाव की।

आवश्यक यह भी है अक्षरों को सीखने-सिखाने अथवा अपनाने के किसी भी उपक्रम में अक्षरों का आकार खंडित न हो। वैसे भी खंडित प्रतिमा की कभी उपासना नहीं होती। खंड-खंड अक्षर कभी पढ़ाया नहीं जा सकता।

अक्षर के आकार से आत्मीय रिश्ता साक्षरता की पहली सीढ़ी है मगर अक्षर को अपनाना, उसे अपना बनाना साक्षरता की पहली

शर्त है।

साक्षरता की अंतिम परिणति मानवी अनुभवों को आकृति देना है। रूपाकारों में समेटना है। भावनाओं को शक्ल देना है। अपने ज्ञान को, भाषा की अविरल धारा में उतार अगली पीढ़ियों एवं देश-देशांतर के लिए प्रवाहित कर देना है। अक्षरों के आकार का यही तात्विक आधार है। यही सार है।

आकार का अपना आकाश होता है। उस आकाश की एक ऊँचाई होती है। एक सच्चाई होती है। एक शून्य होता है। यही शून्य अक्षर के भीतर समा जाने का आमंत्रण देता है।

अविनाशी अक्षर तब हमें धारण कर लेता है। हम उसमें समा जाते हैं और वह हममें समा जाता है।

❑

उत्तर की साक्षरता

साक्षरता का काम एक अत्यंत दुरूह और कठिन काम है। इसके लिए आंतरिक लगन, वैयक्तिक प्रतिबद्धता तथा एकनिष्ठ तपस्या की आवश्यकता है। यह काम अत्यंत धैर्य भी माँगता है और कड़ी मेहनत भी। यह भी सच है कि कोई इस काम में यदि स्वयं अपनी इच्छाशक्ति के साथ गहरे उतर जाए तो यह काम उसके लिए अत्यंत आनंददायी और सुखदायी भी बन जाता है। साक्षरता का ऐसा सुखदायी अनुभव इस काम को एक सृजनात्मक एवं सांस्कृतिक स्वरूप देने से संभव होता है। यह संभव होता है कार्यकर्ताओं के दृष्टिविस्तार से और साथ ही सही प्रशिक्षण के द्वारा उनके चेतोविस्तार से। दृष्टिविस्तार और चेतोविस्तार की बात कहने में आसान लगती है मगर यह एक अत्यंत मुश्किल काम है और बिना सुचिंतित, सुनियोजित एवं प्रभावी प्रशिक्षण के संभव भी नहीं है।

साक्षरता का काम जितना कठिन है, उतना ही कठिन है उत्तर-साक्षरता का काम। उत्तर-साक्षरता, साक्षरता को बनाए रखने के लिए आवश्यक है। साक्षर लोग पुनः सब कुछ भूल भाल कर निरक्षर बन जाते हैं। ऐसी प्रबल संभावना सदा बनी रहती है। ऐसा कई बार हो चुका है कि प्रभावी उत्तर-साक्षरता कार्यक्रमों के अभाव में कई साक्षरता प्रयासों पर पानी फिरा है। अतः हर साक्षरता

कार्यक्रम के बाद उत्तर-साक्षरता का एक प्रभावी प्रयास आवश्यक है।

उत्तर-साक्षरता के तीन मुख्य सोपान हैं–

* प्राप्त साक्षरता कौशल को बनाए रखना अथवा रिटेंशन।
* साक्षरता के ज्ञान को आगे बढ़ाने एवं पुष्ट करने के प्रयास को जारी रखना अथवा कन्टीन्यूएशन।
* साक्षरता को सीधे व्यवहार में लाने की कोशिश करना अर्थात् एप्लीकेशन।

उत्तर-साक्षरता के किसी भी सुचिंतित कार्यक्रम को इन तीनों सोपानों को ध्यान में रखना है। यदि रिटेंशन, कन्टीन्यूएशएन तथा एप्लीकेशन के प्रभावी प्रयास सुचारु रूप से किए जाते हैं तो उत्तर-साक्षरता कार्यक्रम शीघ्र ही शिक्षार्थी को सतत शिक्षा की ओर प्रवृत्त करेगा और तब वह एक स्वतंत्र एवं स्वतःस्फूर्त शिक्षार्थी बनेगा। यहीं पर उसकी आजीवन शिक्षा का शुभारंभ होगा। सीखना और निरंतर सीखना तब उसका जीवन-धर्म होगा, सहज स्वभाव होगा।

उत्तर-साक्षरता के कार्य की शुरुआत उस स्तर से होती है जहां किसी शिक्षार्थी को उसकी प्रवेशिकाओं ने पहुँचा दिया है। कौन शिक्षार्थी कहाँ पहुँचा है–इसे समझना भी बहुत आवश्यक है। क्योंकि प्रवेशिकाओं का प्रभाव कभी भी सभी शिक्षार्थियों पर समान नहीं होता है। हर शिक्षार्थी अपने तरीके से सीखता है। हरेक का अपना एक अलग स्तर होता है। ऐसे व्यक्तिगत स्तरों का शैक्षिक आकलन ही उत्तर-साक्षरता की सही शुरुआत कर सकता है।

ऐसे अध्ययन और आकलन के बाद ही उत्तर-साक्षरता कार्यक्रम की रूपरेखा तथा प्रायोजना का कोई खाका हम बना सकते हैं। इस प्रायोजना का स्वरूप निर्धारित होते ही हमें इसके अनुरूप सामग्री

की आवश्यकता होगी। ऐसी उत्तर-साक्षरता सामग्री का सृजन प्रवेशिका पाठों का वास्तविक उत्तरार्ध होगा। यह सामग्री अक्षर तथा अंकगणित के ज्ञान को आगे बढ़ाएगी, नये अभ्यास-क्रम से शिक्षार्थी को जोड़ेगी और स्वतः सीखते रहने की निरंतर प्रक्रिया की ओर प्रेरित करेगी। अतः उत्तर-साक्षरता सामग्री के सृजन का काम इस कार्यक्रम की एक महत्त्वपूर्ण कड़ी है। बिना रचनात्मक दृष्टि तथा संकल्पनागत स्पष्टता के ऐसी सामग्री का सृजन संभव भी नहीं है। प्रश्न है कि कौन करे इस सामग्री का सृजन? कैसे करें यह सृजन? कितनी आकर्षक व रोचक हो यह सामग्री? कैसे इसे आकर्षक तथा रोचक बनाया जाय? ये सारे सवाल मात्र विचारणीय ही नहीं हैं। बल्कि इनका समाधान हमें साथ-साथ खोजना है।

सामग्री सृजन से पहले उत्तर-साक्षरता की संकल्पना के बारे में कुछ आधारभूत एवं तात्विक बातों पर विचार आवश्यक है। यह जानना आवश्यक है कि उत्तर-साक्षरता का बहुआयामी स्वरूप क्या हो? इसके तात्कालिक एवं दूरगामी प्रभाव क्या होने वाले हैं? कौन से ऐसे घटक हैं जो इस कार्यक्रम को प्रभावी बनाने वाले हैं? इस कार्यक्रम की अन्तर्वस्तु क्या होगी? उसका पूर्व कार्यक्रम और शिक्षार्थियों के भावी जीवन से क्या संबंध होगा? इन तमाम प्रश्नों पर आज विचार आवश्यक प्रतीत होता हैं। बिना ऐसे विचार के हम उत्तर-साक्षरता के समग्र स्वरूप की कोई परिकल्पना नहीं कर सकेंगे।

पहली विचारणीय बात तो यह है कि साक्षरता का पहला प्रयास ही एक सांस्कृतिक परिवर्तन का प्रयास है। निरक्षर लोग अब तक मौखिक संस्कृति में जीवन व्यतीत कर रहे थे। इस संस्कृति में वाणी का महत्त्व था, शब्द प्रमाण था और एक अत्यंत तेजस्वी स्मृति इसका आधार था। यह स्मृति भी वाणी अथवा बोले गये

शब्द की स्मृति थी। शब्द अथवा अक्षर के रूपाकारों की चाक्षुष् समझ न तो बनी थी और न ही आवश्यक समझी गयी थी। अक्षरों, शब्दों अथवा बोली के संपूर्ण प्रयोग का कोई लिखित स्वरूप इनके सामने नहीं था। अक्षरों के आकारों से ये तमाम लोग अपरिचित थे। अनभिज्ञ थे। इस अनभिज्ञता को तोड़ना तथा स्मृति की एवं बोली की लंबी परंपरा को आकारों से जोड़ना एक महत्त्वपूर्ण सांस्कृतिक परिवर्तन है। इस परिवर्तन की प्रक्रिया क्या होगी और इसकी प्रतिक्रिया क्या होगी—ये दोनों प्रश्न विचारणीय हैं। हमें जानना है कि स्मृति से आकारों की ओर बढ़ते लोगों का क्या कुछ पीछे छूट जाएगा, क्या कुछ उनको नया मिल जाएगा और क्या ऐसा होगा जो सदा के लिए पीछे छूट जाएगा। अनुपयोगी बन कर रह जाएगा।

उत्तर-साक्षरता की ओर बढ़ते हुए हमारा पहला सरोकार यह होगा कि लोग अक्षर के आकारों से जुड़ें, उनके ज्यामितिक रूपाकारों को समझें, उन चाक्षुष् बिंबों को आत्मसात करें, इन बिंबों को स्थाई रूप से अपने मानस-पटल पर उकेरें मगर फिर भी स्मृति की अपनी सदियों लम्बी परंपरा से कटें नहीं। सदियों से प्राप्त स्मृति-कौशल को लुप्त न होने दें। वाणी के प्रामाणिक उपयोग की अपनी सामर्थ्य को खोने न दें। बालकों की तरह भाषा को सहज रूप से सीख लेने तथा उसके आधिकारिक उपयोग की अपनी सामर्थ्य को खोएँ नहीं। यदि ऐसा होता है तो साक्षरता का हमारा पहला प्रयास ही पुरानी इबारत को मिटाने तथा नई इबारत लिखने का एक प्रयास होगा। हमें ऐसा नहीं करना है। इस भूल से हमें बचना है।

ऐसी स्थिति में उत्तर-साक्षरता कार्यक्रम वाणी की पूर्व प्रचलित परंपरा को जीवित रखते हुए अक्षर के उपयोग की नई परंपरा से

जोड़ने का दुतरफा काम होगा। इसमें भाषा एवं स्मृति के पूर्व-भंडार का सार्थक उपयोग सहयोगी सिद्ध होगा और उत्तर-साक्षरता का पहला कदम ही न केवल प्रभावी होगा बल्कि सच्चे अर्थों में लोकोन्मुखी एवं लोकानुरंजक होगा।

उत्तर-साक्षरता के ऐसे प्रयास में किताबों को कंठ से जुड़ना होगा। स्मृति की लय से जुड़ना होगा। वाणी और स्मृति के इस संसार की अपनी एक लय है, प्रवाह है, रवानी है और इस लय में विलय होकर ही कोई कार्यक्रम लोकमानस में सार्थक स्थान पा सकता है। जो लोग कंठस्थ करने के अभ्यासी हैं, वे हृदयस्थ और उदरस्थ करने के अभ्यासी भी हैं। यही वजह है कि आदिवासी जातियों में अपने जीवनानुभवों को पचा लेने की अद्‌भुत क्षमता होती है। बिना ऐसी क्षमता के वे वनांचलों में प्रकृति के साथ जी भी नहीं सकते। मौसम की मार को सहते हुए भी वे प्रकृति के साथ एकाकार होने का सहज स्वभाव रखते हैं। जाहिर है कि वे जीवनानुभवों को अंगीकार करना जानते हैं। वे वट वृक्ष का सा धीरज भी रखते हैं और वैसी ही उदात्तता भी। हमें इसी उदात्तता को उत्तर-साक्षरता के अभ्यासक्रम का आधार बनाना है।

ऐसी उदात्तता को आधार बना कर बनाया गया उत्तर-साक्षरता कार्यक्रम तब एक तरफ तो साक्षरता के पूर्वानुभवों का उत्तरार्ध होगा, इनको आगे बढ़ाएगा लेकिन दूसरी तरफ वास्तव में उत्तर की साक्षरता से भी जुड़ा हुआ होगा। उत्तर की साक्षरता से मेरा अभिप्राय उत्तर माँगने की साक्षरता से है। उत्तर माँगने की यह साक्षरता गूँगी जड़ता को तोड़ने वाली साक्षरता होगी। सीधे सवाल करने वाली साक्षरता होगी और अपने सवालों का सीधा उत्तर माँगने वाली साक्षरता होगी। ऐसी उत्तर-साक्षरता तब लोगों को केवल

'पोथी-पढ़ना' और गूँगा बन जाना नहीं सिखाएगी बल्कि वाचाल करेगी लोगों को। लोग बोलेंगे, मुँह खोलेंगे और हिसाब माँगेंगे। अपने अधिकारों के बारे में सवाल करेंगे। साक्षरता तब सच्चे अर्थों में फलवती होगी और बलवती भी। बलवती साक्षरता ही परिणाम दिखा सकती है, परिवर्तन ला सकती है और **'निःशेष जाड्यापहा'** के मूल मंत्र को चरितार्थ कर सकती है।

❑

सीखने की सहजता

सीखने वालों का समाज बनाने का सपना पुराना है। लर्निंग सोसायटी, आजीवन शिक्षा, सतत शिक्षा, शिक्षा का सार्वजनीकरण, समग्र शिक्षा और सहज शिक्षा आदि सारे शब्द हमारे प्रिय शब्द रहे हैं। बहुत पहले यूनेस्को का एक दस्तावेज **'लर्निंग टू बी'** प्रकाशित हुआ था।

फिर हचिंस की एक पुस्तक आई **'लर्निंग सोसायटी'**। इसके साथ ही ईलिच की **डी स्कूलिंग सोसायटी** और रीमर की **स्कूल इज डैड** आदि कई पुस्तकें आयीं। इन पुस्तकों के साथ शिक्षा में नव चिंतन का एक नया दौर प्रारंभ हुआ। इस नए दौर ने दो बातों की स्थापना की—स्कूली शिक्षा में परिवर्तन की आवश्यकता तथा सतत-शिक्षा के सुचिंतित अभियान की आवश्यकता।

पूरे विश्व के लाखों लोग पिछले कई वर्षों से इसी प्रयास में संलग्न हैं कि सीखना सदा जारी रहे और सीखने के इस इल्म के साथ सारा समाज सजग और सबल समाज के रूप में विकसित हो सके। सीखने की निरंतरता और सीखने की सहजता के रिश्ते को परिभाषित करना इस प्रयास की पहली शर्त थी, मगर हम ऐसा नहीं कर सके। पहली आवश्यकता तो यही थी कि सीखने के हर प्रयास को प्रतिष्ठित किया जाता, उसे मान दिया जाता, सम्मान

दिया जाता और फिर जो भी सीखने की ओर प्रवृत्त होता उसे आगे बढ़ने का अवसर दिया जाता। सीखने के सारे रास्ते खोल दिए जाते। मगर ऐसा नहीं हुआ। हमने सीखने के इल्म को न तो प्रतिष्ठित किया और न ही हमने सीखने को स्वधर्म माना। इसके विपरीत हमने सिखाने के बड़े इंतजाम किए और इन इंतजामों में सिखाने के साधन प्रबल हो गए और सीखने वाला गौण हो गया। सीखने वाला न केवल गौण हुआ बल्कि साधनों के अंबार में दब गया, बहुत पीछे छूट गया। यह क्या हुआ—इसका किसी को पता भी नहीं चला!

वास्तविकता कुछ और भी है। भारतीय समाज की ओर जब आस्थावान दृष्टि से देखते हैं तो पाते हैं कि हर आदमी अपनी आवश्यकता के अनुरूप कुछ सीख लेने और कर लेने के प्रयास में निरंतर जुटा हुआ है। यह उसके अस्तित्व का सवाल भी है और रोटी-रोजी का सवाल भी। जितने और जैसे कौशल का विकास हमारे समाज में सहज रूप से होता रहा है, वैसा कौशल निर्माण सम्भवतया औपचारिक शिक्षा संस्थाओं के बूते की बात भी नहीं थी। हमारे काश्तकारों ने सदियों के जिस अनुभव के साथ अनाज की जिस नस्ल को सुरक्षित रखा था वो नस्ल आज गायब हो गई। बीज नदारद हो गया है, अन्न में वो शक्ति नहीं रही है जो पहले थी। बात केवल किसानों की ही नहीं है, हर क्षेत्र में अपने सहज स्वभाव से लोगों ने जो कुछ सीखा था वह अद्‌भुत था, अनूठा था और अद्वितीय था। सीखने की इस श्रेष्ठता का कारण भारतीय समाज में सदियों से विकसित इसकी सहजता थी, यहाँ सायास कुछ नहीं था। सप्रयास कुछ नहीं था, सबकुछ सहज था, सरल था, विरल था और उतना ही अविरल भी। हमसे सम्भवतया यह भूल हुई कि हमने इस सहजता का वरण नहीं किया और इसके

प्रवाह में न बहकर धारा के विरुद्ध बहने के किसी लोभ में हम बहक गए।

बरसों पहले कबीर ने एक बहुत सरल सी बात कह दी थी—**'साधो, सहज समाधि भली।'** यह बात उन्होंने उन तमाम साधकों से कही थी जो साधना के मार्ग को लेकर विवाद में पड़ गए थे, उनके लिए वाद विवाद प्रमुख हो गया था, साधना पिछड़ गई थी। कबीर तब बहुत सरलता के साथ एक बहुत बड़ा संकेत सबको दे गए—किसने कितना ग्रहण किया, क्या पता? कबीर ने एक और बात भी कही थी—**'माया महा ठगनी मैं जानी'** कबीर जानते थे कि शिक्षा का माया के साथ कोई रिश्ता नहीं है। सीखना और जानना तब सत्य का अन्वेषण था, अर्थ का उपार्जन नहीं था। इमारतों और कारखानों का निर्माण शिक्षा का लक्ष्य नहीं था। आदमी का सतत निर्माण शिक्षा का लक्ष्य था। सारा विकास और सारी शिक्षा आदमी को आदमी बनाए रखने और एक बेहतरीन इंसान बनाने के लक्ष्य को संबोधित थी। यह लक्ष्य भी कहीं पीछे छूट गया। गालिब अपनी सारी पीड़ा के साथ यही कह गए **'आदमी को मयस्सर नहीं है इंसां होना।'**

गुरुदेव रवीन्द्रनाथ ठाकुर भी शिक्षा की सहजता के समर्थक थे। शांति निकेतन में शिक्षा की सहजता को बनाए रखना हर अध्यापक का लक्ष्य था। गुरुदेव ने स्वयं जो पहली किताब लिखी थी उस किताब का नाम भी **'सहज पाठ'** था। सहजता के साथ शिक्षा का रिश्ता यदि बना रहे तो सीखने का सातत्य भी बना रहता है। तब सतत शिक्षा के लिए अतिरिक्त प्रयास की आवश्यकता कम होती है। सीखने वाला स्वयं अपनी सीखने की आवश्यकता को खोजता है, जानता है और समझ-बूझ कर अपनी सामर्थ्य के अनुसार सीखने का सामान जुटाता है। वह सहज-मार्ग

का वरण करता है और सीखने को अपना स्वधर्म मानकर नेति नेति के सिद्धांत को मान कर चरैवेति, चरैवेति कहता हुआ निरंतर चलता रहता है। जो इस प्रकार चले हैं उन्होंने पथ भी बनाए हैं और पंथ भी बनाए हैं। ऐसे पंथ का वरण करने वाले लोग सिख कहलाए हैं। सीखना जिनका स्वधर्म था और ग्रंथ जिनकी आस्था का आधार था। मूर्तियों से बँध जाने वाले लोग ग्रंथ को भूलते गए और मन में नई ग्रंथियाँ बाँधते रहे, जबकि सीखने का मार्ग ग्रंथियाँ खोलने का मार्ग है, अपने को मुक्त करने का मार्ग है।

यह मार्ग हमें विरासत में मिला था। एक धारा के रूप में एक नदी के रूप में। आवश्यकता थी कि हम सहजता और सरलता की इस अविरल धारा में अवगाहन करते। तमाम लोगों के लिए ऐसे ही अवगाहन के अवसर सुलभ कराते, लोगों को प्रेरित करते और प्रतीक्षा करते कि इस धारा में उतरता समाज स्वयं सहज सीखता चलता—नित, निरंतर और जीवनपर्यंत?

❑

शिक्षा की आजादी और आजादी की शिक्षा

आजादी के उत्सव देश में हर साल मनाए जाते हैं। फिर बरसों पुराने तराने गाए जाते हैं। तिरंगे को फिर सलामी दी जाती है और जय हिन्द का नारा फिर पूरे देश में गूँज उठता है।

एक समय था जब ये उत्सव हमें रोमांचित करते थे। रगों में नया खून दौड़ जाता था। आँखें नम हो जाती थीं और मस्तक उन तमाम लोगों के प्रति श्रद्धावनत हो जाता था जो आजादी के लिए मर मिटे थे। आज ऐसा नहीं होता है। न मालूम क्यों ये उत्सव अब मात्र रस्म जैसे लगते हैं।

आज मन में नया प्रश्न खड़ा होता है कि हम अब कितने आजाद रह गए हैं? जिस आजादी को पाने के लिए हमने कुर्बानी दी थी वह आजादी अब कितनी सुरक्षित रह गई है?

शिक्षा के क्षेत्र में काम करते हुए हमें महसूस होता है कि देश की शिक्षा भी अब आजाद नहीं रही। आजादी के आंदोलन के दरमियान हमने एक नया सपना देखा था, वह सपना था **नई तालीम** का सपना। मात्र सपना ही नहीं था—एक दृष्टि विशेष और एक दर्शन विशेष के साथ तालीम का काम करने की कई योजनाएँ तब बनी थीं। देश के कई प्रबुद्ध प्रखर एवं अग्रज लोगों ने तालीम की दिशा में अपने चिंतन और मनन से एक नया अध्याय जोड़ा

था। एक उद्देश्य था कि तालीम अब देश में आजाद लोगों की नई नस्ल को जन्म देगी और देश के नौजवान पढ़-लिखकर स्वावलंबी, स्वाभिमानी एवं स्वतंत्र बनेंगे। इस भय का अंदेशा हमें तभी लग गया था कि आजाद देश की तालीम अगर तेजस्वी नहीं हुई तो वह आजाद लोगों को जन्म नहीं देगी और नौजवान तब पढ़-लिख कर भी परदेस भागने को लालायित रहेंगे। आज ठीक वही हुआ है, मगर दुख यह है कि केवल इतना ही नहीं हुआ है! सच यह है कि आज न शिक्षा आजाद रही है, न अध्यापक, न विद्यालय और न विद्यार्थी। किसी को खबर भी नहीं लगी और अँधेरे की तरह गुलामी बिना किसी आहट के हमारे शिक्षा तंत्र पर छा गई। सारे संकल्प और स्वाभिमानी सपने एक प्रच्छन्न गुलामी के साए में समा गए। आच्छादित हो गए।

गुलामी के इस खामोश प्रवेश से शिक्षा का स्वतंत्र-चेता स्वरूप कहीं विलुप्त हो गया है। अब शिक्षा स्वतंत्रता के लिए मर मिटने वाले नौजवान पैदा नहीं करती। अब हमारे विद्यालय राष्ट्रीय मूल्यों के रखवाले नहीं रहे बल्कि देश के प्रति और अपने समाज के प्रति सारे राग-अनुराग से विमुक्त कर विद्यार्थियों को स्वार्थ की ओर प्रवृत्त करने वाले कारखाने बन कर रह गए हैं।

विद्यालयों का काम विद्यार्थियों को लोकोन्मुखी बनाना है, अपने समाज से जोड़ना है और अपने परिवेश की पीड़ा के प्रति संवेदनशील बनाना है। इस संवेदनशीलता में भी विद्यार्थी की अपनी आजादी को सर्वोपरि बनाए रखना है और उसे अपनी अस्मिता का अहसास कराते हुए आजादी की अवधारणा को नई धार देनी है। उसे शान पर चढ़ाना है। हमारा दुर्भाग्य है कि ऐसा नहीं हो सका है। दुख तो यह है कि इसे भटकाव भी नहीं कहा जा सकता है। लगता है हम किसी छलावे के शिकार हुए हैं। यह कैसे हुआ? इसकी

पड़ताल जरूरी है!

विवेचना करने को बैठें तो सारे तथ्य स्वयं बोलते हुए सामने खड़े हो जाते हैं। हमने आजादी के बाद स्कूली शिक्षा को बढ़ावा देकर शुरुआत ही गलत कर दी थी। जहाँ सिर्फ ढाई आखर पढ़ाने थे वहाँ हमने कागजों और किताबों का अंबार लगा दिया था। सारा ढाँचा हमने जस का तस अंग्रेजों से उधार लिया था और एक खास किस्म की औपनिवेशिक विरासत के चंगुल में फँस कर हम शिक्षा को गलत रास्ते पर ले चले। यह रास्ता न तो शिक्षा की आजादी का रास्ता था, न अध्यापक की आजादी का रास्ता और न विद्यार्थी की आजादी का रास्ता। यह रास्ता तरक्की, वैज्ञानिक-विकास, आधुनिकता, उत्तर-आधुनिकता के नाम पर अपनी अस्मिता को गिरवी रख देने का रास्ता था। मूल्यों को छोड़ माया को अपना लेने का रास्ता था। कबीर की चेतावनी 'माया महाठगनी मैं जानी' को भुला देने का रास्ता था।

इस गलत रास्ते के कारण विद्यालयों से आजादी की शिक्षा नदारद हो गई थी। सारी दुनिया को खतरा था कि भारतीय विद्यालयों में फिर कोई भगतसिंह न पैदा हो जाए, यहाँ फिर कोई गाँधी या सुभाष पैदा न हो जाए। लोगों को ये भी डर था कि यह देश फिर कहीं दूसरे रामकृष्ण परमहंस या विवेकानन्द को जन्म न दे दे। वे लोग जो इन खतरों के बारे में सजग थे वे आज हमारी शिक्षा पर छा गए हैं। उन्होंने ही धीरे-धीरे शिक्षा को अपने पंजों में दबोच लिया। उन्होंने ही तय किया है कि हम क्या पढ़ें? हमारी किताबें कैसी हों? किताबें पढ़ने का मकसद क्या हो—आदमी से जुड़ना या किसी आदमी से कटना? उन्होंने ही तय किया है कि हमारी परीक्षाएँ कैसी हों? उन्होंने ही तय किया है कि हम पढ़ कर कैसी और कितनी दक्षताएँ प्राप्त कर सकें और फिर उन दक्षताओं को

पाकर उनके कितने काम आ सकें? यह सब कुछ कहीं और तय हुआ। इस देश का शिक्षा तंत्र धीरे से एक घने अँधेरे का शिकार हो गया।

हमारा शिक्षातंत्र अब आजादी के दीवाने पैदा नहीं करता बल्कि विश्व बैंक की गुलामी करने को लालायित रहने वाले बाबू पैदा करने की कोशिश में लगा है। यहाँ अब बुद्ध की करुणा नहीं जागती, कोई मुदिता या पारमिता को प्राप्त नहीं करता बल्कि अब सब दुनिया का सारा वैभव हथिया लेने की लालसा में लिप्त हो गए दीखते हैं। प्रपरिग्रह का मंत्र किसी अंधी खाई में धकेल दिया गया है। प्रपरिग्रह का मंत्र किसी अंधी खाई में धकेल दिया गया है। सादगी के महामंत्र का क्या हुआ? स्वदेशी के संकल्प का क्या हुआ? स्वावलंबन के व्रत का क्या हुआ? स्वाध्याय के संकल्प और शिवोऽहं के सपने का क्या हुआ। यह क्या हुआ कि सबको सुख देनेवाली शिक्षा स्वयं अचानक परपीड़क हो गयी? अहिंसा का पहला पाठ पढ़ाने वाला देश हिंसक हथियारों की दौड़ में शरीक हो गया है। ये हमें क्या हो गया है? हम कहाँ जा रहे हैं? कहाँ पहुँचने को चले थे और कहाँ पहुँचते दीखते हैं?

❑

शिक्षा के मूल्य और मूल्यों की शिक्षा

बहुत बार कहा जाता है कि हमें शिक्षा को मूल्यों से जोड़ना चाहिए और मूल्यों की शिक्षा देनी चाहिए। इसके साथ ही लोग नैतिक शिक्षा की दुहाई भी देने लग जाते हैं। हमें यह बात कुछ अच्छी नहीं लगती। वैसे भी शिक्षा के आगे किसी भी प्रकार का विशेषण हमें अप्रिय लगता है और साथ ही सोचने को विवश करता है कि शिक्षा में ऐसी क्या कमी है जो हम उसे विशेषण से व्याख्यायित करें? शिक्षा अपने आप में ही एक सम्पूर्ण, समग्र, सार्वलौकिक, सार्वजनीन और सनातन प्रक्रिया है। शिक्षा कभी अनैतिक भी नहीं हो सकती और मूल्य-विहीन भी नहीं। प्रश्न यह है कि शिक्षा कब सचमुच शिक्षा हो सकती है? प्रश्न यह भी है कि अभी जो शिक्षा हो रही है उसे क्या हम शिक्षा कह सकते हैं? क्या वह इतनी संपूर्ण और समग्र है कि उसे पाने वाला और उसमें से निकलने वाला हर व्यक्ति कुन्दन बन कर निकले? क्या उसकी सार्वलौकिकता और सनातनता आज सुरक्षित है? शिक्षा के वर्तमान परिदृश्य पर नजर डालते ही मन ऐसे कई सवालों से घिर जाता है।

थोड़ा-सा विचार करते ही स्थिति बहुत निराशाजनक लगती है। मन कुंठित हो जाता है। यह साफ दीखने लगता है कि शिक्षा आज न केवल निर्मूल्य हुई है, वह निर्मूल भी हो गई है। एक तरफ

तो वह मूल्यों से रहित हुई है और दूसरी तरफ अपनी जड़ों से भी कट गई है। शायद यही कारण है कि लोग मूल्यों की बात करते हैं। बात ठीक हो सकती है मगर शिक्षा को कभी मूल्यों के मुलम्मे का मुरीद नहीं होना चाहिए। उसकी अपनी एक अस्मिता है। पहचान है। स्वाभिमान है।

शिक्षा का सरोकार सिर्फ मूल्यों से है भी नहीं। वह तो स्वयं अपने आप में एक मूल्य है। जो शिक्षित होता है वह स्वयं मूल्यवान होता है। व्यक्ति और शिक्षा को खंडित-विखंडित करके देखना उचित भी नहीं है। शिक्षा कभी किसी भी व्यक्ति को आततायी, आक्रामक, हिंसक, विनाशक आदि नहीं बना सकती। वह तो व्यक्ति की रचना करती है। रचना भी ऐसे करती है जैसे गेहूँ का एक दाना खाद, माटी, पानी और सूर्य के द्वारा पुष्ट होकर प्रस्फुटित होता है और पौधा बनकर फिर हजार नए दाने पैदा करता है। वह जितना स्वयं अक्षत था उतने ही अक्षत और अविनाशी दाने वह पैदा करता है। गेहूँ के उन सब दानों में वही सामर्थ्य भरी पड़ी है कि वे फिर हजारों-हजार पौधों को जन्म दें और लोगों का भरण-पोषण करें।

यह एक रूपक ही काफी है यह बताने को कि शिक्षा की रचना-प्रक्रिया किसी कारखाने की उत्पादक प्रक्रिया नहीं है, बल्कि एक अत्यन्त नैसर्गिक और समग्र प्रक्रिया है। यहाँ किसी वस्तु का निर्माण पुर्जे-पुर्जे जोड़कर नहीं किया जाता बल्कि उसकी अंतः सामर्थ्य को प्रस्फुटित कर सदियों तक प्रस्फुटित होते रहने की संभावना तक को सुरक्षित कर लिया जाता है। यह कैसे होता है? क्या आज ऐसा होता है? प्रश्नों से मन आज भी घिरा हुआ है, मगर ये प्रश्न शिक्षा की मूल सामर्थ्य के प्रति किंचित भी आशंकित नहीं करते हैं। प्रश्न यही है कि हम शिक्षा के मूल को कैसे सींचें और उसे कैसे सुरक्षित रखें। इस मूल को जानने अथवा जान लेने

का प्रयास कुछ वैसा ही होगा जिसे कवि ने **एकै साधे सब सधे** की संज्ञा दी थी। उस एक को ही जानना है जो शिक्षा को संपूर्ण बनाता है। वह क्या है? **'क्या'** से पहले **'है'** पर विचार करना होगा और अपने को आश्वस्त करना होगा कि वह **'है'** तो सही, उसे सिर्फ खोजना है, जानना है अथवा पाना है।

शिक्षा के इस मूल को जानने के लिए हमें लोक में डुबकी लगानी होगी। इस लोक में सिर्फ मनुष्य समाज का जीता-जागता संसार ही नहीं है, बल्कि सम्पूर्ण ब्रह्मांड और उसके सभी चराचर जीवों का संसार भी सम्मिलित है। यह एक सच है और इस सच की एक सनातनता है। यहाँ सब कुछ प्रतिपल बदलता भी रहता है मगर फिर प्रतिपल जन्म भी लेता रहता है। मरने और जीने के बीच के काल-खंड में घटने वाली तमाम घटनाएँ, प्रक्रियाएँ अथवा क्रियाएँ—सब के मूल में एक सच है ऐसा जिसे शिक्षा का सच कहा जा सकता है। शिक्षा के इस में सारे मूल्य अंतर्निहित हैं और यह सच अत्यंत मूल्यवान सच है। इस मूल्यवान सच की खूबी यह है कि यह सदा अपने आप से अनुप्राणित है। यह प्रतिपल जीवित है। यह प्रतिपल स्पंदित है। और इसका यह जीवंत स्पंदन हम सबको प्रतिपल अनुप्राणित करता रहता है। यही कारण है कि मृत्यु का विषाद पल भर का है और जीने की जिजीविषा उम्र भर की।

शिक्षा के इस मूल तक पहुँचने के लिए हमें इस जिजीविषा की अदम्य ऊर्जा और अंतर्निहित सामर्थ्य को समझना होगा। जर्रे-जर्रे को अनुप्राणित करने वाली इसकी सामर्थ्य को भी समझना होगा और यह सुनिश्चित करना होगा कि इस जिजीविषा को हरे-भरे और रंग-बिरंगे जीवन में बदल डालने का कोई सच्चा उपक्रम शिक्षा कर सके। शिक्षा का काम उन प्राणों की रक्षा करना भी है जो कण-कण को अनुप्राणित करते रहते हैं। यहाँ कुछ भी प्राण-विहीन

नहीं है, सब कुछ प्राणवान है, जीवंत है, स्वतंत्र है, उन्मुक्त है, प्रतिपल रचनारत है अविनाशी है, अक्षत है, अधूरा कुछ नहीं है। यहाँ सब कुछ पूरा है, संपूर्ण है। क्या हम अपनी वर्तमान शिक्षा, शिक्षा-प्रयासों, शिक्षा-प्रकल्पों, शिक्षा-विकल्पों को इसके करीब ला सकते हैं?

❑

शिक्षा का आज और कल

शिक्षा का आज क्या है, कल क्या था, और कल क्या होगा? कौन जानता है। जानना मगर जरूरी है। गुरु नानक ने जपुजी साहब की पहली ही पंक्ति में कह दिया है–'नानक है भी सच होसी भी सच' लेकिन यह सच क्या है? जो सच था उसे भी तब किसी ने अन्वेषित किया था, जाना था और जानकर व्यक्त किया था। एक खरे आत्मविश्वास के साथ व्यक्त किया था। कबीर ने ताल ठोंक कर कहा था–''मैं कहता आँखन की देखी, तू कहता कागद की लेखी।'' कबीर ने जो साक्षात देखा उसी को साखी में व्यक्त किया। तुलसी ने भी कहा–'हरि व्यापक सर्वत्र समाना, प्रेम तें प्रगट होंहि मैं जाना' यह भी उन्होंने जानकर ही कहा था, बिना जाने नहीं। ऐसा साक्षात सच कहने वाले बहुत हुए और सत्य-दर्शन और सत्य-वचन की यह परंपरा चलती रही। इस सनातन परंपरा से ही पोषित हुई शिक्षा की शाला। सभी लोग निरंतर सत्योन्मुखी रहे। सत्य के श्रोता रहे। सत्य के द्रष्टा रहे और समझ बूझकर सत्य को स्वीकारते रहे। यह शिक्षा का कल था। सच भी यही था शिक्षा का। सच सदा सनातन होता है, शाश्वत होता है।

महात्माजी को विरासत में सत्य-दर्शन की यही परंपरा मिली। मगर वे ऐसे विद्यार्थी नहीं बने कि सत्य के रूप में जो मिला, उसे

स्वीकार लिया। युधिष्ठिर की तरह ही अंगीकार करने की बात तो बहुत आगे थी। वे अंगीकार करने से पहले स्वयं सत्य की पड़ताल कर लेना चाहते थे। जो मिला उसे बिना समझे बूझे स्वीकारना उनके स्वभाव में नहीं था। वे स्वभाव से ही सत्यान्वेषी थे और इस अन्वेषण को वे आग्रह तक ले गए थे। तब वे सत्याग्रही हो गए। सत्य के अलावा दूसरा कोई आग्रह उनका था ही नहीं। न आवश्यकता थी न आग्रह था। केवल सत्याग्रह था। सत्य को जानना, सत्य को जीना और सत्य के लिए निरंतर आग्रह करते हुए उसको प्रतिष्ठित करना। यही कारण था कि उन्होंने जब ईश्वर को सत्य के रूप में स्वीकारा था तब ईश्वर सत्य था। मगर जब अपने सत्य को अन्वेषित करके पाया तो सत्य ही ईश्वर हो गया। सत्य सदा उनका ईश्वर रहा। सनातन मूल्य रहा और इस मूल्य की सीधी सार्थकता एवं प्रासंगिकता के बारे में वे सदा सजग रहे। अपनी पूर्ण प्रखरता के साथ सत्याग्रह पर अटल रहे। यह भी शिक्षा का कल था।

इसी संदर्भ में हम शिक्षा के आज पर सोच रहे हैं। शिक्षा आज क्या है? आज की शिक्षा क्या है? अथवा आज की शिक्षा का आज से क्या संबंध है। आज तो वर्तमान है ना! जो वर्तमान है वह निवर्तमान भी है! उसका कल भूत होना भी सुनिश्चित है! मगर जो आज है वह कल भी सच होगा। लेकिन कल वह तभी सच होगा जब आज सच है। जो आज सच नहीं है, वह कल पाटी पर लिखे अक्षरों की तरह मिट जाएगा। ऐसा तभी होगा जब वह सच नहीं होगा। सनातन नहीं होगा।

तो हम शिक्षा की सनातनता पर भी सोच रहे हैं और शिक्षा के इतिहास पर भी। इसके साथ-साथ हम शिक्षा के ऐतिहासिक स्वरूप में छिपे सत्य को भी तलाश रहे हैं। हमारी यह तलाश कुछ

लोगों को मात्र माथापच्ची ही लग सकती है मगर हमारे लिए यह आज की चिन्ता है। आज का सरोकार है। सरोकार यह है कि जो सच था उसे हमने क्यों खोया? खोया तो नहीं है, सच तो वह आज भी है मगर हमने उसका साथ क्यों छोड़ा? यह भी कैसी विडम्बना है कि सच का साथ छोड़कर जिसे पकड़ा उसका जीवन से कोई सीधा संबंध नहीं है। जीवन के कल से भी उसका कोई संबंध नहीं है। हम जड़ों में नहीं देखना चाहते। जड़ों को हरा बनाए रखने की सतत कोशिश की तो बात ही अलग है। वैसे भी इतिहास कभी बन्धन नहीं होता है। काल कभी मरता नहीं। काल जिसे निगल जाए उसे भी काल के गाल से वापस निकाल लाना संभव है। एक तरफ सत्यवान और सावित्री का आख्यान है और दूसरी ओर नचिकेता का। दोनों यह कहते हैं कि मृत्यु जीवन का अंतिम पड़ाव नहीं है। सत्य के संसार में मृत्यु का वैसे भी कोई स्थान नहीं होता। वहाँ कुछ भी मरणशील नहीं होता। सब कुछ अमृत होता है। तभी 'असदो मा सद् गमय और मृत्योर्मा अमृतम गमय' की प्रार्थना शिक्षा की पहली प्रार्थना बनती है। अंधकार भी वहाँ केवल असत् का है। सत् का चिंतन एवं अन्वेषण और आनंद का सतत सृजन ही शिक्षा की अंतर्वस्तु है।

शिक्षा का जीवन से सीधा संबंध यदि अपनी पूर्ण जीवंतता के साथ जुड़ा रहता है तो जीवन प्रतिपल पोषित होता है। उसे अपनी नैसर्गिक श्रीवृद्धि को बनाए रखने का बल मिलता है। जीवन में तब सब कुछ स्वतः होता है। पल्लवन भी, प्रस्फुटन भी और कलियों का बनना व फूलों का खिलना भी। यहाँ सुरभि होती है, जो औरों को भी सुवासित करती है। यहाँ सौंदर्य होता है। यहाँ कुछ भी कुरूप नहीं होता। भोंडा नहीं होता। सब कुछ सुदर्शन होता है। सुखदायी होता है। आनन्ददायी होता है और अपने मूल रूप

में यही सब सत्य होता है। सत्य से परे हटते ही सारी विद्रूपता शुरू हो जाती है। भोंडापन दीखने लगता है। रूप कुरूप हो जाते हैं और मनुष्य तब सुर की साधना से विरत हो स्वयं असुर बन जाता है। आसुरी संस्कृति का पदार्पण ही सत्य से विमुख होने की शुरुआत के साथ होता है। हमें तय करना है कि आज के जीवन को हमें आसुरी बनाना है अथवा देवताओं के मार्ग पर ले जाना है। देवता वो होता है जो निरंतर देता रहता है। देने वाले का स्थान जब मनुष्य लेता है तो वह भी देवता हो जाता है। मगर तब वह न भोक्ता रहता है न उपभोक्ता। वह आज की सर्वभक्षी संस्कृति का अंग बन जाने से बच जाता है। शिक्षा का काम ही यह है कि वह उसे वहीं प्रतिष्ठित करे और उसका नाता निरंतर उसी सत्य-दर्शन के साथ जोड़े रखे जो उसका मूल है।

❑

अकाल में शिक्षा

प्रदेश में अकाल है। मानसून ने आने में देर की और जाने में जल्दी। राजस्थान के लिए यह कोई नई बात नहीं है। हमेशा की तरह इस बार भी हजारों किसानों ने हल चलाए थे। बीज बोया था। किसी को नहीं मालूम था कि बीज दबा रह जाएगा। दफ्न हो जाएगा।

बीज का दफ्न हो जाना एक भौतिक सच्चाई भी थी और इस सदी की एक सांस्कृतिक सच्चाई भी है। बीज दरअसल हमारी अस्मिता का आधार है। उसे सुरक्षित रखना अपनी निजता की रक्षा का काम है। बीज का अर्थ अक्षर भी होता है। बीज सदा मंत्र का मूलाधार होता है। कथ्य का व संदेश का प्राण होता है। ऐसे अर्थों को इस सदी ने खोया है। इसके अहसास को भी। इधर हमें यह भी पता नहीं चला कि हमारे यहाँ उगने वाले अनाजों के बीज भी कहीं खो गए। आज हमारे देशी बीज कितने सुरक्षित रह गए हैं? कौन जानता है?

बीज की बात तो हम प्रसंगवश करने लगे। मूल चिंता तो अकाल की है। प्रश्न है कि इस अकाल के लिए कौन जिम्मेदार है? क्या हम कुदरत को ही दोष देते रहेंगे, याकि कभी अपनी ओर भी देखने का साहस करेंगे। अपनी ओर देखना सचमुच साहस की

बात होती है। पुरानी कहावत है 'पर उपदेश कुशल बहुतेरे।' अपनी ओर देखें तो हमें साफ दिखाई देगा कि पिछले कई वर्षों से हम स्वयं अकाल को आमंत्रित करते रहे हैं। आज भी जो अकाल आया है, वह न केवल हमारे बुलाए आया है, बल्कि हमारे कुकर्मों का परिणाम है। कब तक हम अपनी भूल को कुदरत के मत्थे मढ़ते रहेंगे?

यहाँ हमारे कुकर्मों की लम्बी फेहरिस्त देना आवश्यक नहीं है, क्योंकि सभी जानते हैं कि पेड़ हमने काटे हैं, नदी-नालों के मार्ग हमने अवरुद्ध किए हैं। पहाड़ों को हमने काटा है। सीमेण्ट और कंकरीट के जंगल हमने बनाए हैं और धरती की कोख से पानी छीन कर लाने और उसका अपव्यय करने का पाप हमने किया है। नया समाज पाप और पुण्य की भाषा नहीं जानता है, मगर लोकभाषा में इससे अधिक सशक्त दूसरा कोई शब्द दीखता नहीं।

अकाल को आमंत्रण देने वाली जिस नई जीवन-शैली के हम हिमायती रहे हैं और जिसे भोगने के हम भागीदार रहे हैं उस जीवन-शैली में परिवर्तन का कोई उपक्रम करता आज कहीं कोई दीखता नहीं। प्राकृतिक संसाधनों के सर्वभक्षी दोहन की लालसा और पिपासा कम होती नजर नहीं आती। यह बढ़ रही है और इसे बढ़ाने के सारे इन्तजाम निरंतर जुटाए जा रहे हैं। इसका प्रमाण हम स्वयं एक छोटे नजारे को देखकर पा सकते हैं। जिस शहर में हजारों लोग पैदल चलते थे, उस शहर में हजारों वाहन सड़कों पर भागते नजर आते हैं। पैदल चलने वाले लोग जब साइकिल पर चलने लगे थे तो इतना बुरा नहीं लगा था जितना आज वाहनों का धुआँ खाकर लगता है। यह क्या हुआ कि अचानक लोगों ने अपने ही पाँवों का उपयोग भुला दिया। क्या हम सचमुच पैदल चलना भूल गए हैं? कौन बताए? पैदल न चलने से शरीर को कितने

रोग लगते हैं? यह भी कौन बताए? आज हम बिना दवा खाए स्वस्थ रहना नहीं चाहते। पहले हम बीमार होना चाहते हैं और फिर दवा खाकर नीरोग बनना चाहते हैं यह कौन-सी जीवन-शैली है?

सुनते हैं कि दिल्ली शहर में इस समय तीस लाख कारें सड़कों पर चल रही हैं। बसों और दूसरे वाहनों की संख्या इसके ऊपर है। यह भी सुनते हैं कि दिल्ली शहर ने अपने को बड़ा शहर बनाने की हवस में लगभग चार सौ पचास गाँवों को लील लिया है। अब वे गाँव नदारद हैं और लोग अपनी जमीं और जड़ों को खो बैठे हैं। बहुत सरल-सा प्रश्न है कि हम धरती के साथ कैसा रिश्ता रखना चाहते हैं? क्या हम आज गर्व से कह सकते हैं कि यह धरती हमारी माँ है? क्या हम सामान्य बोलचाल की भाषा में किसी को 'माँ वसुन्धरा' जैसा शब्द प्रयोग करते सुनते हैं? यदि नहीं तो जाहिर है कि हमने अपनी भाषा भी खोई है। जब कोई समाज अपने भेष को छोड़ दे और भाषा को भूल जाए तब शिक्षा की सीधी भूमिका सामने खड़ी होती है। क्या हमारी शिक्षा अपनी उस भूमिका को निभा रही है? क्या हम ऐसा कोई पाठ पढ़ रहे हैं कि सर्वग्रासी एवं सर्वभक्षी संस्कृति का साथ छोड़ सकें? यदि नहीं तो कहना चाहिए कि मूल अकाल तो शिक्षा का अकाल है। शिक्षा के अकाल ने ही हमें आदमी का साथ छोड़ना सिखाया है। कुदरत के प्रति विमुख होना सिखाया है। क्या हम ऐसी किसी शिक्षा की शुरुआत कर सकते हैं जो पहले सांस्कृतिक अकाल और फिर भौतिक अकाल की विभीषिका से हमें बचा सके?

अकाल की इस वेला में मन में करुणा जागती है जो हमें राहत के कामों की ओर मोड़ती है। मगर राहत के काम अकाल का उत्तर नहीं हैं। राहत आवश्यक है मगर अगले अकाल को रोकने

के लिए शिक्षा आवश्यक है। आज हमें शिक्षा की अहम भूमिका के बारे में सोचना है। ऐसी शिक्षा की संभावना पर विचार करना है जो अकाल को कभी आने ही न दे और फिर भी यदि आ जाए तो समाज स्वयं इतना साधन-संपन्न हो कि उसका मुकाबला कर सके। अपने बूते पर। पराए आसरे नहीं। कैसे हो ऐसा?

❑

शाला में हिंसा!

पिछले दिनों एक अमरीकी स्कूल में दो किशोर बालकों ने अपने ही मित्रों को मौत के घाट उतार दिया। अमरीकी सभ्यता तथा शिक्षा के उत्कर्ष का यह एक ऐसा नमूना था—जो दिन दहाड़े एक सनसनीखेज के साथ प्रकट हुआ था—इसे और किसी सबूत की जरूरत नहीं थी।

यह एक ऐसी हिंसा का नमूना था जो शाला में जन्मी थी। शाला और समाज में पली थी और फिर आकाश मार्ग से (इंटर्नेट जैसे तथाकथित वैज्ञानिकी वरदान से) पोषित हुई थी। बलि के बकरे बने थे अबोध बालक। गौर-तलब बात यह है कि मरने वालों में अधिसंख्य बालक श्याम वर्ण थे। परिवारों की स्थिति हृदय-विदारक थी। दूरी घट गई थी—मातम यहाँ हमारे घर में भी छा गया था। समूची इंसानियत सकते में खड़ी थी।

इस बालसंहार के लिए चुना गया दिन हिटलर का जन्मदिन था। यह बालसंहार एक ऐलान था कि 'नव-फासीवाद आ रहा है—आएगा—तुम सावधान हो जाओ।' हम नहीं जानते कि अमरीकी समाज इस बारे में कितना जागरूक है? अमरीकी समाज की बात तो हम नहीं कर सकते मगर अमरीकी शासन ने अब यह अवश्य सिद्ध कर दिया है उसकी आस्था केवल हिंसा में है। युद्ध में है।

हमारी चिंता यही है कि शालाएँ या शिक्षा संस्थाएँ इस प्रवृत्ति को पनपाने के केंद्र क्यों बनें। हिंसा की जड़ों को सींचने का काम शिक्षा क्यों करे? क्यों नहीं शिक्षा का सारा कारोबार अपने जर्रे जर्रे से शांतिमय हो, प्रेममय हो? नफ़रत को शिक्षा में/शाला में कहीं कोई स्थान ही क्यों हो?

जो हमने देखा था और जो एक दुर्घटना के रूप में प्रकट हुआ वह तो नंगा रूप है हिंसा का। वह तो वही है जो सुलगता रहा था और अब फूट पड़ा है। प्रच्छन्न रूप से हमारी आज की शाला, आज की शिक्षा व बड़ी से बड़ी शिक्षण संस्थाओं के कण कण में हिंसा समायी हुई है। हम हैं कि उसे पोषण दे रहे हैं, हवा दे रहे हैं। क्या हम ऐसा जानबूझकर कर रहे हैं? क्या हम हिंसा के प्रति आस्थावान हैं? हमें पूछना होगा और टटोल-टटोल कर शाला के हर कोने से हिंसा को आमूल बाहर करना होगा।

हमें पाठ्य पुस्तकों के हर पन्ने को टटोलना होगा—हिंसा वहाँ प्रच्छन्न रूप से विराजमान है और हम बाकायदा हिंसा का पाठ पढ़ा रहे हैं—कहीं राष्ट्रवाद के नाम पर, तो कहीं बाहुबल के नाम पर, तो कहीं इतिहास पुरुषों की वीरता के नाम पर। हमें इन पाठों पर पुनर्विचार करना होगा।

हमें शिक्षक समुदाय के व्यवहार पर विचार करना होगा। शिक्षक बंधुओं के परस्पर संबंधों, प्राचार्य जी के साथ उनके संबंधों और शासन के साथ उनके संबंधों पर पुनः विचार करना होगा। हमें शिक्षक संघों के भीतर पनप रही हिंसा की ओर देख उसे भी एक आदर्श **'आचार्य कुल'** का रूप देना होगा।

हमें बालकों के प्रति हमारे व्यवहार तथा मनोभावों पर विचार करना होगा। क्या हमारे मन में हर बालक के लिए सरल विरल वात्सल्य धारा प्रतिपल प्रवाहित होती रहती है—हमें अपने से ही

पूछना होगा? क्या बालक हमारे लिए देवतुल्य हैं? क्या हम अपने मन मंदिर व बाल मंदिर में उनको वैसी प्रतिष्ठा दे सके हैं? क्या उनकी सहज निश्छलता हमें कुछ सिखा सकी है? क्या रिश्ता है हमारा बालकों से? हमें देखना होगा कि हमारे किस व्यवहार से बालक कब-कब आहत व प्रताड़ित होते हैं। तोड़ना या मारना-पीटना किसी भी शाला को शोभा नहीं देता। बालक बालक के बीच भेदभाव हिंसा है। बिना जिज्ञासा जगाए पढ़ने को बाध्य करना हिंसा है? बिना आत्मसात किए पोथी की बात को रट लेना हिंसा है। बालक की रुचि को जाने बगैर कोई भी पाठ्य पुस्तक परोस देना हिंसा है। परीक्षा, फेल, पास, रैंक, डिवीजन और सारे प्रतियोगी आयोजन, ये सभी प्रच्छन्न रूप से हिंसा के ही तो नमूने हैं। हमें विचारना होगा कि हम क्या करें। कैसे हम शिक्षा और शाला को स्नेह-सलिला में परिवर्तित करें? कैसे उसे सूचनाओं के अंबार से उबारें और कैसे उसे ज्ञान का रूप दें?

हमें बालकों को सेतु समझ कर उनके घरों में प्रवेश करना होगा। वहाँ उनके खिलौने कैसे हैं? माता-पिता के संबंध कैसे हैं? घर में किताबें रखने का कितना स्थान है? कैसी पुस्तकें व पत्र-पत्रिकाएँ घर में खरीदी जाती हैं इस पर अभिभावकों के साथ एक संवाद करना होगा।

शाला, शिक्षा और परिवार ये तीनों ही शांति, मैत्री और प्रेम की त्रिवेणी के रूप हैं। हमें आज कबीर के साथ खड़े होकर फिर कहना होगा—

पोथी पढ़ पढ़ जग मुआ, पंडित भया न कोय।
ढाई आखर प्रेम का, पढ़े सो पंडित होय।।

❑

सहस्राब्दियों का संक्रांति काल

एक सदी बीत गई है। इसके साथ ही एक सहस्राब्दी बीत गई है। हम उन विरले लोगों में से हैं जिन्होंने जाती हुई सहस्राब्दी की दहलीज और आती हुई सहस्राब्दी का प्रवेश द्वार अपनी आँखों से देखा। सदियों से बड़ा होता है सहस्राब्दियों का संक्रांति काल, इसका एक ऐतिहासिक महत्त्व होता है। हम आने वाले समय के लिए एक बड़े संक्रांति काल के चश्मदीद गवाह होते हैं। कुछ बरस बाद लोगों को बताने के लिए हमारे पास बीते समय की कहानियाँ होती हैं। एक जीता-जागता प्रमाण होता है। समाज, इतिहास, राजनीति, धरती, आकाश और अंतरिक्ष की जीवंत छवियाँ होती हैं, जो हमारे स्मृति संसार का हिस्सा बन जाती हैं। इन छवियों को बरसों बाद फिर किसी पीढ़ी के सामने उकेरना एक आला अनुभव होता है। कुछ कथाएँ होती हैं जो सुनाने को अच्छी लगती हैं मगर जिनको अपने भीतर जिंदा बचाए रखना एक लंबा त्रासद अनुभव होता है। फिर भी यह एक सौभाग्य होता है कि हम ऐसे कालखंड के साक्षी बन जाएँ जिसका ऐतिहासिक महत्त्व होता हो।

हमारे देखते हुए एक सहस्राब्दी बीत गई। सहस्राब्दी की बाकी सदियों को हमने भी इतिहास के पन्नों पर ही देखा है मगर बीसवीं सदी को किसी ने पूरा या आधा जिया और देखा है। प्रारंभ से

भले न देखा हो मगर बीत जाने के साक्षी तो अलबत्ता हम सभी रहे हैं। यह काफी है कहने को कि हमने एक सहस्राब्दी को बीतते देखा है।

प्रश्न है कि हमने क्या देखा है? अपने देश को आजाद होते देखा और आजादी की इस आभा को दूर दराज तक फैलते देखा। हमारे देखते-देखते कई देश आजाद हुए और पूरे अफ्रीकी महाद्वीप ने ऐसी करवट ली कि हर देश आजाद हुआ और अपने यहाँ नये लोकतांत्रिक संप्रभुता-संपन्न गणराज्य की स्थापना कर सका। आजादी के इस विश्वव्यापी दौर की नींव में महात्माजी अहिंसा का मूल मंत्र स्थापित कर सके थे और उसी का परिणाम था कि अधिसंख्य देश अहिंसक आंदोलन के रास्ते से आजादी हासिल कर सके। मगर इससे ठीक पहले एक दौर ऐसा भी आया था जब हिंसक रास्ते से सत्ताएँ बदली गई थीं। पुरानी सत्ताओं को चुनौती दी गई थी और हिंसक रास्ते के बीच आने वालों को निर्वासित कर दिया गया था। रूस और चीन में सत्ता परिवर्तन इसी मार्ग से आए थे। वे जैसे आए वैसे गए भी मगर इंसानियत की उपलब्धि यह रही कि बार-बार और हर बार अहिंसा का मार्ग ही सर्वोपरि माना गया।

इस सदी ने एक ऐसा दौर भी देखा था जब हथियारों की होड़ मच गई थी। पूरी दुनिया बारूद के ढेर पर खड़ी कर दी गई थी। बारूद की खेती करने वाले खुद डरने लगे थे कि दुनिया ही जब नहीं रहेगी तो वे कहाँ रहेंगे? मगर बड़े भोले थे बेचारे, बिना सोचे विचार समझने लगे थे कि अपने पाँव टिकाने की जगह वे अंतरिक्ष में बना लेंगे और उन्होंने अंतरिक्ष में अपने लिए स्टेशन बनाने शुरू कर दिए थे। विज्ञान और तकनीक पर उनकी आस्था इतनी इकतरफा हो गई थी कि वे हर समस्या का हल तकनीक

में खोजने लगे थे। वे भूल गए थे कि हर तकनीक और विज्ञान के मूल में वही आदमी खड़ा मिलेगा जिसे मारने के लिए वे शस्त्र बना रहे हैं। स्थिति हास्यास्पद बनी थी और इसीलिए शांति प्रयास शुरू हुए थे। लोगों ने निःशस्त्रीकरण और शांतिपूर्ण सहअस्तित्व का मार्ग बताया था। इसके अलावा कोई दूसरा मार्ग था भी नहीं। हथियारों के आविष्कारकों और निर्माताओं ने खुद अपने अस्त्रों की विनाशकारी शक्ति का नंगा नाच हिरोशिमा और नागासाकी में देखा था। नागासाकी पर बम गिराने वाला पायलट खुद पागल हो गया था। दुनिया के तमाम न्यायालयों के द्वार खटखटाता हुआ अपने लिए सजा की माँग कर रहा था। मगर वह तो मात्र एक पुर्जा था। गलती तो सत्ता की थी और विनाश में विश्वास रखने वाले साम्राज्य की थी।

विनाश और विघटन में हमारा विश्वास अब भी कम नहीं हुआ है। अभी पिछली ही सदी में पूरी दुनिया में आतंकवाद व कठमुल्लापन ने नये सिरे से अपने पाँव जमाए हैं। किसी को अपनी चोटी याद आई तो किसी ने दाढ़ी, टोपी को याद किया है। औरतों की आजादी पर नये हमले हुए हैं। बुर्का अनिवार्यतः कानून के रास्ते पहना दिया गया है मगर जुल्म की इंतहा उघड़े हाथ या पाँव काट देने तक पहुँच गई है। ऐसी नृशंसता हमें वहशीपन की याद दिलाती है मगर यह दुर्भाग्यपूर्ण दौर अभी पिछली सदी की विरासत के रूप में ही मिला है इस दुनिया को। इस सदी में अपने ही देश में विघटनकारी ताकतों को हमने सिर उठाते देखा था। जो देश अपनी एकता तथा संप्रभुता के गुण गाते नहीं थकता था वहीं पर लोग किसी 'तान' अथवा 'लैण्ड' की मांग करने लगे थे। जिस मातृभूमि पर सिर कटाये थे उससे छिटककर विलग होने की बातें करने लगे थे।

इस सहस्राब्दी की पिछली कुछ सदियाँ इसी तरह विनाश का खेल खेलती रही हैं। मगर समझते-समझते कुछ इतनी समझ भी आई कि लोग फिर से विकास और भाईचारे की बात करने लगे। इंसानियत के प्रति आस्था बढ़ने लगी और लोकतांत्रिक एवं शांतिपूर्ण सहअस्तित्व में विश्वास जमने लगा।

हमने इस ओर कदम ही रखा था कि दुनिया में फिर एक बड़ी दुर्घटना हुई और वह दुर्घटना थी ज्ञान-विज्ञान और तकनीक के विस्फोट की दुर्घटना। आदमी खुद भौचक्का रह गया था। इस विस्फोट की रचना करने वाले बहुत चतुराई के साथ एक नया जाल रच रहे थे। यह जाल फिर गुलामी की ओर ले जाने वाला था।

आश्चर्यचकित करने वाला नज़ारा यह था कि ज्ञान और विज्ञान के विस्फोट में गुलामी का प्रलोभन था। प्रलोभन भी प्रच्छन्न नहीं था। खुला था। इस खुले प्रलोभन में एक मायाजाल उर्फ नेटवर्क का सदस्य बनने का आमंत्रण था। यह प्रलोभन सुखदायी था और जाहिर तौर पर हमें गुलामी की ओर ले जाने वाला था क्योंकि इसकी रचना करने वाले दिमाग पहले की तरह एक नये के साम्राज्यवाद की नींव रख देना चाहते थे। इस साम्राज्यवाद की नींव रख भी दी गई थी। हमें कानों-कान खबर भी नहीं हुई थी और न ही अभी तक पूरी खबर हुई है। हम अब भी उस प्रलोभन के शिकार हैं जो सूचना का झुनझुना थमाकर हमें ज्ञानी और सर्वज्ञ बना देना चाहता है।

ज्ञान-विज्ञान और तकनीक की मोह-माया में मूल्यों की बात करने वाला कोई नहीं रहा। वहाँ सिर्फ जाल और जंजाल रह गया। हम देखते-देखते एक बड़े सूचना तंत्र के अंग बन गए। हमें लगा कि हम बड़े बन गए, बलवान बन गए, मगर सच में हम गुलाम बन गए। गुलामी की इस रचना के दौर में केवल एक देश ने अपने

साम्राज्य का विकास किया और बाकी तमाम देश उस साम्राज्य के तरफदार हो गए यानि भागीदार हो गए। यह क्या हो गया और हम क्यों इतने निरीह हो गए? क्यों हमारे देखते-देखते तकनीक और विज्ञान दोनों ही ज्ञान पर हावी हो गए? वे ज्ञानी अब बेकार हो गए जो तकनीक का तिलस्म रचना नहीं जानते। वे मूल्य भी अब बेमानी हो गए जिनकी बुनियाद पर शांतिपूर्ण सहअस्तित्व एवं लोकतांत्रिक सत्ता को प्रतिष्ठित किया गया था। हम कहाँ पहुँच गए?

पुनश्च : हमने नयी सदी की शुरुआत देख ली। जो खतरा पिछली सदी के अंतिम काल खंड में हमारे द्वार पर खड़ा आहट दे रहा था वह सच निकला। एक अकेले राष्ट्र की दंभी साम्राज्यवादी सत्ता ने अपने नये उपनिवेशवादी मंशा को तोपों से व्यक्त किया। खाली ढोल बजाकर नहीं। बाकायदा गगनभेदी तोपों और मिसाइलों से उसका झंडा गाड़ दिया। हिंसा में आस्था पूरी बेशर्मी के साथ व्यक्त की गई। नव-फासीवाद के दंभ के कारण ही संयुक्त राष्ट्र संघ की धज्जियां उड़ी। सभी देखते रह गये। पहले अफगानिस्तान और अब ईराक। यह नयी सहस्राब्दी की चुनौती है कि वह शस्त्रों से कैसे छुटकारा दिलाये और यह शिक्षा की चुनौती है कि वह शास्त्र की स्थापना कैसे करे?

❑

लोक-भाषा से लोक-चेतना तक

बात लगभग पच्चीस बरस पुरानी है।

राष्ट्रीय प्रौढ़ शिक्षा कार्यक्रम में पहली बार स्थानीय बोलियों में साहित्य निर्मित करने एवं उसी के माध्यम से शिक्षित करने का संकल्प व्यक्त किया गया था। इसमें यह अपेक्षा की गयी थी कि इस कार्यक्रम के अंतर्गत नए सिरे से स्थानीय बोलियों में साहित्य रचा जाएगा, तथा उन्हीं के माध्यम से प्रौढ़ शिक्षार्थियों को शिक्षित किया जाएगा। सभी जगह इस प्रस्ताव का स्वागत हुआ, और यह सोचा जाने लगा कि शिक्षा/प्रौढ़ शिक्षा का काम तब एक अजनबी काम नहीं होगा, और तब शिक्षार्थी संपूर्ण आत्मीयता के साथ किसी कार्यक्रम का आशय और मंतव्य समझ सकेंगे। इस आत्मीयता का आश्वासन मातृ-भाषा को शिक्षा काक वाहन बनाने के निर्णय में निहित था।

स्थानीय बोलियाँ दरअसल लाखों लोगों के एक व्यापक समुदाय की अभिव्यक्ति का माध्यम होती हैं और यह माध्यम ऐसा माध्यम होता है जिसमें लोकजीवन अपनी संपूर्ण प्राणवत्ता के साथ प्रतिबिंबित होता लगता है। सूक्ष्म से सूक्ष्म बात लोक-भाषा में पूरी ताकत के साथ कही जा सकती है, जटिल से जटिल भाव व्यक्त

किए जा सकते हैं। बेबाकी भी बरती जा सकती है तथा बारीक से बारीक बात भी कही जा सकती है। किसी भी भाव को व्यक्त करने के लिए लोक-भाषा के पास अथाह शब्द भंडार होता है। ऐसा शब्द-भंडार जो केवल किसी कोष की शोभा नहीं बढ़ाता बल्कि जिसका प्रत्येक शब्द प्रतिदिन उपयोग में लाया जाता है। निश्चित ही अब जब हम प्रौढ़ शिक्षा कार्यक्रम के संदर्भ में लोक-भाषा में शिक्षा ही साहित्य का निर्माण करेंगे तो वह शिक्षा-साहित्य एक नई आत्मीयता लोगों को दे सकेगा, और शिक्षा कार्यक्रम को पराया कार्यक्रम बनने से बचा सकेगा।

लोक-भाषा व शिक्षा-साहित्य

भारत जैसे विशाल देश में जहाँ 20 से अधिक प्रादेशिक भाषाएँ प्रचलन में हैं और जहाँ 8000 से अधिक लोक-बोलियाँ प्रचलित हैं वहाँ पर स्थानीय बोलियों में शिक्षा-साहित्य रचने की बात बहुत महत्त्वाकांक्षी लग सकती है और खर्चीली भी। शिक्षा-साहित्य से मेरा आशय यहां शिक्षण-सामग्री से है लेकिन मैं साहित्य शब्द का प्रयोग सायास कर रहा हूँ। एक तो यह कि शिक्षा स्वयं एक रचनात्मक कर्म है और दूसरा यह कि लोकहित की बात भी शिक्षा में समाहित है। सामग्री में तो पाटी बरता भी शुमार होता है। इसलिए ही शिक्षा-साहित्य अधिक सही व साहित्य के समांतार लगता है। यह भी संभव है कि कई विद्वान-विशेषज्ञ हिंदी अथवा किसी प्रादेशिक भाषा से ही काम चला लेना पसंद करते हों और ऐसे खर्चीले कार्यक्रम को उचित भी न समझते हों लेकिन इससे स्थानीय बोली में साहित्य निर्माण करने के संकल्प पर कोई प्रभाव नहीं पड़ना चाहिए।

ऐसा नहीं है कि स्थानीय बोलियों में पहले कभी कुछ नहीं रचा गया हो। बल्कि इसके विपरीत स्थानीय बोलियों में पहले ही

बहुत सारा साहित्य लिखित या कंठस्थ रूप में उपलब्ध है। यह उपलब्ध साहित्य एक तरफ जहाँ धर्म-चेतना के विकास का काम कर रहा है वहीं दूसरी तरफ ऐसा ही कोई साहित्य धंधों संबंधी अनुभवों को इस तरह संकलित कर सका है कि उससे काश्तकारों की सीधी शिक्षा हो सके। जीवन संबंधी खट्टे-मीठे अनुभव भी इस साहित्य में अपनी संपूर्ण जीवंतता के साथ उपलब्ध हैं। हमें देखना यह है कि क्या यह साहित्य किसी खर्चीली प्रक्रिया से रचा गया था? याकि क्या यह साहित्य किसी तथाकथित विशेषज्ञ ने रचा था? क्या यह साहित्य किसी सर्वेक्षण के आधार पर रचा गया था। क्या यह साहित्य किसी कार्यशाला में रचा गया था?

उक्त सवालों का जवाब खोजें तो यही मालूम होगा कि लोक-भाषा में ऐसा सारा साहित्य उक्त समाज की निरक्षरता के बावजूद स्वतः रचा जाता रहा है और कंठस्थ कला की परंपरा के निर्वाह में पुश्त-दर-पुश्त बाकायदा जिंदा भी रहा है। इस संदर्भ में एक और भी महत्त्वपूर्ण तथ्य हमारे सामने उभरता है कि लोक-जीवन में अपने अनुभवों को संकलित करने एवं सहेजकर रखने की एक उत्कट अभिलाषा सदैव उपस्थित रहती है। लोक-जीवन की यह उत्कट अभिलाषा दरअसल अपनी उपलब्धियों को सहेजने की अभिलाषा होती है। यह अभिलाषा मूलतः लोक-जीवन की श्रम-शीलता तथा रचनाधर्मिता से उत्पन्न होती है। अनवरत कर्म को अपना धर्म मानने वालों में एक ऐसी सहज प्रवृत्ति का विकास होता है कि वे स्वतः रचनाकार बन जाते हैं। उनकी इस रचनात्मकता का आधार उनके श्रम का संगीत होता है। एक स्वाभाविक संगीत। यह संगीत स्वतः अनुभवों एवं उपलब्धियों को बाँधने लगता है, सहेजकर सुरक्षित रखने लगता है।

लोक-भाषा की इस रचना-धर्मिता का आधार एक तरफ जहाँ

लोक-जीवन की श्रमशीलता है वहीं दूसरी तरफ उस श्रमशीलता से मिला स्वावलंबन भी। इस स्वावलंबन के साथ एक खास तरह की उन्मुक्त चेतना का विकास होता है और यह चेतना सृजनशीलता को बढ़ावा देती है, एक स्थाई आधार देती है। जाहिर है कि लोक-जीवन की रचना-धर्मिता न तो किसी किताबी अध्ययन से उपजी होती है और न ही किसी सरकारी आयोजन की मोहताज होती है।

आज जब हमें स्थानीय भाषाओं में ही साहित्य रचना है तो लोक-जीवन के इन आधारों को ठीक से समझना होगा और तथाकथित सामाजिक उन्नति, सभ्यता के विकास तथा शहरीकरण से उसे बचाना होगा। लोक-जीवन के रेशे-रेशे में छिपी मानवीय उदारता, करुणा तथा भाई-चारे के रहस्य को समझना होगा। हमें उस ताकत को भी समझना होगा जो कि लोक-जीवन को अपनी श्रमशीलता से तथा अपने स्वाभाविक संगठन से मिलती है। यह ताकत मूलतः लोक-जीवन का एक आध्यात्मिक आधार होती है। लेकिन समकालीन संदर्भों में इसे जन-बल का नाम भी दिया जाता है। मेरा आशय है कि हमें लोक-भाषा के सही उपयोग के लिए लोक-शक्ति के विभिन्न आयामों को समझना होगा।

संत परंपरा

लोक-शक्ति के इन आयामों को भारतीय संतों ने ठीक से समझा था और यही कारण है कि संत परंपरा में रचा गया संपूर्ण साहित्य लोक-भाषा के सार्थक उपयोग का एक अद्भुत नमूना है। एक ऐसा नमूना, जो यह बताता है कि लोक-भाषा का सही प्रयोग करोड़ों लोगों द्वारा स्वीकारा एवं अपनाया जा सकता है। संत साहित्य का यह नमूना इस बात का भी प्रमाण है कि लोक-चेतना के विभिन्न आयामों की सही समझ के बाद भाषागत दीवारें तो टूटती ही हैं।

बल्कि साथ ही जातिगत एवं धर्मगत दीवारें भी आसानी से टूट सकती हैं। कबीर, मीरा, रैदास, दादू, मलूकदास, रहीम, रसखान और जायसी की रचनाएँ इस बात का जिंदा सबूत हैं।

संत साहित्य की रचनाएँ प्रौढ़ शिक्षा/साक्षरता का एक ऐसा आदर्श नमूना प्रस्तुत करती हैं जिसमें नीति, धर्म एवं सामाजिक न्याय की बातें तो समाहित हैं ही लेकिन साथ ही ये रचनाएँ साक्षरता प्रसार में भी सहायक सिद्ध हो सकती हैं। इन रचनाओं में प्रयुक्त शब्द छोटे हैं तथा उनकी आवृत्ति बार-बार होती है। एकसी ध्वनियों तथा एक जैसे अक्षरों की सार्थक आवृत्ति ने संत साहित्य को एक सहज लोकप्रियता दी थी। वहाँ कुछ भी क्लिष्ट नहीं था, पंडिताऊ नहीं था, उबाऊ नहीं था। सब कुछ सरल था, सहज था। यदि ऐसा कहा जाए कि उस लोक साहित्य एवं संत वाणी ने कम पढ़े-लिखे लोगों को भी पढ़ने की ओर आकृष्ट किया था तो भी कोई अतिशयोक्ति नहीं होगी।

संतों की वाणियाँ इसलिए भी लोकप्रिय हुई थीं कि उनमें शब्दों का प्रयोग ऐसे ही किया गया था कि जैसे वह पहले से ही लोगों की जुबान पर चढ़े हुए थे। अर्थात बोलचाल की भाषा को बदला नहीं गया था, न ही उनकी ध्वनियों को शुद्ध किया गया था। यह इसलिए नहीं हुआ कि संत लोग कम पढ़े-लिखे थे अथवा उनको भाषा का पूरा ज्ञान नहीं था। अधिकांश संत प्रकांड पंडित थे लेकिन उनकी वाणियों में उनका पांडित्य कहीं नहीं झलकता था और सैद्धांतिक बातें भी उन्होंने ठीक जमीन पर उतरकर कही हैं। लोक-भाषा में तथा लोक-चेतना के अनुरूप। जाहिर है कि लोक-मानस से उनका खूब निकट का संपर्क था, संबंध था तथा उन्हें उसकी गहरी समझ थी। संभवतया इसलिए संत साहित्य को इतना व्यापक पाठक/श्रोता समुदाय मिला।

लोक-मानस की ऐसी गहरी समझ आज के संदर्भ में प्रौढ़ शिक्षकों एवं प्रौढ़ शिक्षा कार्यक्रम में आयोजकों के लिए भी आवश्यक है। यह बहुत स्पष्ट है कि लोक-मानस की ऐसी समझ किसी अकादमी सर्वेक्षण से नहीं मिल सकती बल्कि इसके लिए लोक-जीवन की अटूट श्रम-साधना से हमें जुड़ना पड़ेगा। हमें उस आग से गुजरना होगा जो लोक-जीवन को परिष्कृत करती है और लोक-चेतना को विस्तार देती है। यह आग भूखे पेट और नंगे बदन, पौष की सर्दी और ज्येष्ठ की गर्मी बर्दाश्त करने की आग होती है। यह आग निरंतर श्रमशील रहने के बावजूद कर्ज में दबे रहने की आग होती है। यह आग ऐसे सवालों से आई आग होती है जो यह पूछते हैं कि कपास पैदा करने वाला किसान भी नंगे बदन क्यों रहता है। वर्तमान संदर्भों में प्रौढ़ शिक्षा के आयोजकों तथा कार्यकर्ताओं को इन सवालों का सामना करना होगा और लोकमानस के साथ एक तादात्म्य स्थापित करना होगा। ऐसा तादात्म्य स्थापित करने के बाद ही हम लोक-भाषा के उन मुहावरों एवं सटीक लोकोक्तियों को समझ सकेंगे जो बारीक से बारीक संवेदना को व्यक्त करने के लिए खूब सक्षम होते हैं।

तब प्रौढ़ शिक्षा कार्यकर्ताओं को मुहावरों, लोकोक्तियों तथा लोक-भाषा के शब्द-भंडारों का एक समुचित संकलन तैयार करना होगा और इसी संकलन से ऐसी संरचनाएँ तैयार करनी होंगी जो कि लोक-जीवन को समकालीन सामाजिक संदर्भों से सीधा जोड़ती हों। नई सामाजिक परिस्थितियों का अर्थ बताती हों। आर्थिक शोषण के षड्यंत्र से मुक्त करा सकती हों और वर्तमान शहरी सभ्यता की उलझाने एवं जकड़ने वाली पेचीदगियों के प्रति सतर्क कर सकती हों। तभी वे रचनाएँ प्रौढ़ शिक्षा केंद्रों पर आने वाले शिक्षार्थियों को प्रोत्साहित कर सकेंगी और एक नयी लोक-चेतना

का विकास कर सकेंगी। ऐसी लोक-चेतना का विकास तब नव-जागरण की दिशा में एक शुरुआत होगी और संत साहित्य के समान एक नयी शांति तथा आशा दे सकेगी। लोक-भाषा से लोक-चेतना तक पहुँचने की दिशा में तब हमारा यह एक विनम्र प्रयास होगा।

❑

ठुमकि चलति रामचंद्र

अगर मैं कहूँ कि चरित्र निर्माण शिक्षा का काम नहीं है तो आप शायद चौंकेंगे। मगर यदि ये कह दूँ कि वे तमाम लोग शिक्षित ही नहीं हैं जिनका चरित्र निर्माण नहीं हो सका है तो भी आप असमंजस में पड़ जाएँगे। ये बड़ी विचित्र बात है। मगर विचार करने की बात है। मिल-बैठकर तय करने की बात है। तय यह करना है कि चरित्र किस चिड़िया का नाम है। कैसे इसके पंख हैं? कैसा इसका रूप-रंग है? कहाँ किस वन प्रांतर में ये पाई जाती है? किस डाल पर बैठती है?

फिर यह भी तय करना है कि चरित्र अगर कोई चिड़िया नहीं है, वह तो आदमी का व्यवहार है, अदब है तो इसका भला निर्माण कौन करे? निर्माण तो छैनी से होता है, हथौड़े से होता है, गुणिए से और साहिल से होता है। अब आप ही बताएँ कि फूल-सा कोमल बालक कोई पत्थर तो नहीं है कि आप उसे तराश देंगे, अपनी मनमानी शक्ल बख्श देंगे। फिर इसमें भी कोई शक नहीं कि अगर आपने ऐसी भूल चाहे-अनचाहे अगर की तो वो खूबसूरत बालक सिर्फ एक बुत बन कर रह जाएगा, खुदा का बंदा नहीं बनेगा। पाठकों से सादर अनुरोध है कि बुत और खुदा के बंदे के फर्क पर गौर करें। हम अगर बालक को तराश का बुत बनाने के लिए

आमादा रहे तो वह बेहतर इंसान नहीं बनेगा। तब भला क्या आप ऐसी गलती करना चाहेंगे कि स्कूलों को चरित्र निर्माण के कारखानों में तब्दील कर दें। जरा सोचें और गौर करें।

मैं फिर से कहता हूँ कि चरित्र कोई चिड़िया नहीं है। बालक जो कुदरत की बेमिसाल भेंट है उसमें रंग भरने का काम हमारा नहीं है। रूहानी कैनवस पर रंग भी तो कुदरती-कलम से ही भरे जा सकते हैं। कहाँ हैं वे चितेरे जो रूहानी-रंग रखते हों, कुदरती-कलम रखते हों? बताएँ, उत्तर दें! तो आइए फिर विचारें।

सोच-विचार से पहले यह स्वीकारें कि बालक न तो पत्थर है और न उसे बुत बनाना हमारा काम है। साथ ही यह भी जानें कि बालक तो वह बीज है जिसमें पेड़ का, पत्तों का, फूलों-कलियों का और फिर फलों के रूप का, रस का, स्वाद का, गुण का सारा सार कुदरत ने ठूँस-ठूँस कर भर भेजा है। अनार का दाना कितना छोटा होता है। मगर पेड़ और पत्तों की शक्ल उसमें समाई होती है, छुपी होती है। अनारकली की खूबसूरती और चटक लाल रंग भी उसी अनारदाने में छुपे होते हैं। इतना ही नहीं अनार के फल की शक्ल, परत-दर-परत छिपे रस भरे दाने और हर दाने में ऐसा ही एक पेड़ भी छिपा रहता है। यह सारी संभावना एक अनारदाने की भीतरी संभावना है। लबालब भरी संभावना। खाद दें, उपजाऊ माटी दें, पानी दें, प्यार दें, सींचें इस दाने को तो पूरा एक बगीचा बनेगा। एक दाने से कितनों तक पहुँचेंगे इसके फल और कितने तोते इससे अपना पेट भरेंगे? दवा बनेगा अनार और उसका छिलका भी दवा में काम आएगा। पत्ते भी खाद बनेंगे, लकड़ी फिर काम आएगी। अंत तक काम आएगा एक पेड़। एक दाना। सब धन्य हो जाएँगे। बाग-बाग हो जाएँगे।

तो आपका काम तो अनारदाने को उपजाऊ जमीन देना है।

प्यार से उसे सींचना है। मगर ऐसा हम कब कर सकते हैं? तब जब हमें अनार के बगीचों की हरियाली की मौज का एहसास हो, तब जब हमें अनारकली के चटक रंग और उसकी खूबसूरती अच्छी लगती हो और जब हमें अनार के सात्विक पोषक तत्वों का ज्ञान हो, उसका पूरा अंदाज हो। तभी हम दाने-दाने की परवरिश कर सकते हैं और कुदरत को उसका खजाना वापस लौटा सकते हैं, आने वाले समाजों के लिए आने वाली पीढ़ियों के लिए कुदरत को सुरक्षित रख सकते हैं। तो फिर प्रश्न करता हूँ क्या हम सब बालक में छिपी इन अनंत संभावनाओं को देख पाते हैं? क्या हम जानते हैं कि इन संभावनाओं का प्रस्फुटन अगली पीढ़ियों के पोषण का काम करेगा? क्या हम जानते हैं कि आज के बच्चे कल की ही नहीं अगली दुनिया की शक्ल बदलेंगे? शायद नहीं!

फिर प्रश्न करता हूँ कि हम बालकों के असली रूप के दर्शन क्यों नहीं कर पाते हैं? दूसरी भाषा में पूछूँ तो प्रश्न होगा कि हम बालकों में भगवान को क्यों नहीं देख पाते हैं? हम बाल-गोपाल के दर्शन क्यों नहीं कर पाते हैं? शायद इसलिए कि हमारे पास फुर्सत नहीं है। अगले पीरियड में जाना है, घंटी बजने वाली है। बड़ी विडंबना है—मंदिर में घंटी बजती है तो दर्शन होते हैं और शाला में घंटी बजती है तो दर्शन विलुप्त होते हैं।

मगर बात केवल फुर्सत की ही नहीं है। बात तो दृष्टि की है। मगर यह दृष्टि हमें कहाँ से मिले? अगर यह प्रश्न आपने किया है तो मेरा उत्तर होगा कि ऐसी दृष्टि हमें सूर से मिलेगी। हाँ सूर से। एक अंधे कवि से। सूर को सारा जगत केवल बालकों में दिखता था। दिखता इसलिए था कि सांसारिक भाषा में वे अंधे थे। आप भी यदि अपने स्वार्थ के प्रति अंधे हो जाएँ, अपने अहंकार के प्रति अंधे हो जाएँ, अपनी मास्टरी और मास्टराना रूप भूल जावें तो

आपको भी वे दिव्य दर्शन होंगे बालकों में जो सूर को हुए थे। और तब आप सूर की परंपरा में जुड़ कर तुलसी, रसखान के साथ चलते गिजुभाई बधेका के बाल मंदिर पहुँच सकेंगे जहाँ बालक को सिर्फ सींचा जाता रहा है। मगर यह भी सच है कि गिजु भाई का 'दिवास्वप्न' आज तक दिवास्वप्न बना हुआ है और बालक आज भी नफ़रत, हिमायत और हुकूमत के ही शिकार होते जा रहे हैं। हमें बालकों को हिमायत, हुकूमत और नफ़रत से मुक्ति दिलानी है, तभी शायद सच्चा चरित्र निर्माण हो सके।

वैसे चरित्र निर्माण एक बोदा शब्द है। एक गई-बीती अवधारणा है। आज हम जिस समाज में रह रहे हैं, जिस रफ्तार से चल रहे हैं, और जीवन की जिस शैली का विकास कर रहे हैं उसमें तो इस अवधारणा के कोई अर्थ नहीं रह जाते। बालकों पर शाला से ज्यादा बाहर का प्रभाव छा जाता है। वे एक प्रकार के प्रचार-तंत्री घटाटोप से घिरे हुए हैं। उसमें उनकी आत्मा तड़पती है मगर तन थिरकता है। मन रोए तो भी किसे परवाह है, तन की ही तो सारी संस्कृति है। मेरा मानना है कि मास्टरों को ऐसा भी कुछ करना होगा कि 'चरित्र' के नए अर्थों की समाज में स्थापना हो। वे मूल्य पुनः स्थापित हों जो मानवी चरित्र की जड़ हैं। फिर बालकों को उस प्रचार के प्रति सजग किया जाए जो उनके तन को थिरकने को कहता है और मन की उपेक्षा करता है। मन की उपेक्षा एक सांस्कृतिक संकट है। इस संकट से उबरना तथा तन की संस्कृति का बहिष्कार करना आज अनिवार्य लगता है। तभी हम फूल से कोमल बाल-मन को बाहरी प्रभावों से बचा पाएँगे। मगर ऐसा हनुमानी काम मास्टर ही कर सकते हैं।

तीसरी बात बालक की प्रतिष्ठा की बात भी है। आज के समाज में बालक लगभग एक अनचाही चींज रह गया है। अगर

आ गया है घर में तो कई बार एक दुर्घटना मात्र समझा जाता है। ऐसी स्थिति सामाजिक अवमूल्यन की स्थिति है। इससे भी बचना है। रोकना है। हमारे अध्यापक बंधुओं की इसमें भी कोई भूमिका है।

बालक के प्रति बपौती या हिमायत का रुख भी बुरा है। हम उसे अपनी संतान न समझ कर अपनी संपत्ति समझें यह भी एक दुर्घटना है। हम उसे यह बनाएँगे वह बनाएँगे, उसका दहेज लेंगे, उसे दहेज में देंगे ऐसी दृष्टि मूलतः अभिभावक के धर्म का अपमान है। हमें शिक्षक की हैसियत से अभिभावकों का भी शिक्षण करना है तभी एक-एक दाने के हजार-हजार बगीचे बनेंगे। चहकते और महकते इस बगीचे से यह धरती तब धन्य होगी और धन्य होगा शिक्षा-यज्ञ। तो आइए तुलसी के साथ हम भी गाएँ—ठुमकि चलति रामचंद्र...।

❑

बाल-वाणी कौन सुने?

आकाशवाणी सब सुनते हैं। उस पर भरोसा करते हैं। लेकिन कोई भी माँ-बाप या अध्यापक/अभिभावक बाल-वाणी सुनने को उतना उतावला नहीं होता। अपने ही आँगन में बच्चे कब क्या बोलते हैं, क्या कहना चाहते हैं, क्या माँगते हैं, किस बात पर अपनी राय देते हैं या कि अपने निर्मल मन से माँ को क्या सलाह देना चाहते हैं इस पर कोई ध्यान नहीं देता।

स्कूलों में बच्चों को बोलने का अवसर केवल आयोजनों में या समारोहों में ही दिया जाता है। उनमें भी दुर्घटना यह होती है कि उनको वही बोलने दिया जाता है जो आयोजक चाहते हैं। फिर समारोह कभी भी बिना अध्यक्ष, मुख्य अतिथि और दूसरे आडंबरों के संपन्न नहीं होते, इसलिए बच्चे को जबरन उस आडंबर को ओढ़ना पड़ता है। तब वह जो बोलता है वह उसकी वाणी नहीं होती। वह दरअसल 'आयोजन-वाणी' होती है। इस समय वह वाणी आयोजकों के रुतबे को कबूल करने या कायम करने के अलावा और कुछ नहीं कहती। यह दुर्घटना समाज में और उसके अपने स्कूल में पनप रहे पाखंड की बहुत बुरी छाप बाल-मन पर छोड़ती है। उसे दिखावा सिखाती है। बालक जब तक शाला में होता है तब तक शाला की संपत्ति होता है। वह केवल आज्ञा

मानने का अधिकारी होता है। ऐसी स्थिति में बालक और हम दोनों चाहते हुए भी इस आयोजन-वाणी से बच नहीं पाते और बाल-वाणी सुन नहीं पाते।

जिस देश में 'बाल गोपाल' की मिथ प्रचलित रही हो और जहाँ बच्चों को भगवान का रूप माना जाता रहा हो वहाँ बाल-वाणी की ऐसी उपेक्षा दहला देती है। हमारे अपने विद्यालयों में हम सूर साहित्य के पाठ पढ़ाते हैं। सूर के वात्सल्य भाव की तारीफ करते नहीं थकते। लेकिन सूर ने जिस आत्मीयता से बाल-व्यवहार और बाल-वाणी को अपने पदों में पिरोया है, वही आत्मीयता अब हमारे अध्यापन से नदारद है। क्या हम वात्सल्यविहीन विद्यालय के स्थान पर वात्सल्य-मय विद्यालय की स्थापना कर सकते हैं? क्या हम बाल-व्यवहार और बाल-वाणी की महत्ता को पुनः प्रतिष्ठित कर सकते हैं?

आज जब पूरा विश्व बाल-कल्याण के संकल्प को दोहरा रहा है तब हमें भी बाल-वाणी के महत्त्व को प्रतिष्ठित करना चाहिए। बाल-वाणी की यह प्रतिष्ठा प्रत्येक परिवार तक पहुँचानी चाहिए। प्रत्येक माँ-बाप या अध्यापक/अभिभावक को बाल-वाणी सुनने को प्रेरित करना चाहिए। उनसे ऐसी अपील करनी चाहिए कि वे जब बच्चा बोलना चाहता है तब उसे बोलने दें और उसकी बात को काम की बात समझ कर सुनें। कई बार उसकी राय भी माँगें। उसकी बात मानें। इससे बच्चे का मन खुलेगा। हौसला बढ़ेगा।

तो आइये बाल-वाणी सुनें। अपने बालकों पर भी भरोसा करें।

❑

कब होगा शिक्षा में सवेरा

आज की शिक्षा का परिदृश्य ढलते सूरज का परिदृश्य भी नहीं है। वहाँ गोधूलि वेला के रोमांचक क्षण का कोई बोध भी नहीं बचा है। वहाँ अब केवल अंधकार है। आदमी को अकेला बनाकर भयभीत करने वाला अँधेरा। बालक भी अंधकार में हैं और जन समुदाय भी। एक अजब अंधविश्वास है कि शिक्षा की तथाकथित औपचारिक शुरुआत से पहले या साक्षर हो जाने से पहले हर व्यक्ति अंधकार में है। अँधेरे की ऐसी ही किस्सा-गोई के साथ शिक्षा का हर कार्यक्रम आरंभ होता है।

बरसों पहले अपने एक साक्षात्कार में प्रसिद्ध गायिका बेगम अख़्तर ने बताया था कि अच्छी गायकी के लिए दिल-ओ-दिमाग का रौशन होना बहुत जरूरी है। मगर कैसे संभव है दिल-ओ-दिमाग का रौशन होना। अच्छे उस्ताद और सच्ची तालीम के बिना कौन करेगा दिलों को रौशन? रोशनी की बात प्रकाश-प्रेम और प्रकाश के प्रति हमारी प्रतिबद्धता के बिना संभव नहीं। आज आजादी के पचास वर्ष बाद यह पूछना काफी आवश्यक व प्रासंगिक लगता है कि हमारी शिक्षा क्या कभी इंसानी दिलों को रौशन करने का कोई प्रयास करती रही है? कभी कोई कोशिश भी हुई है ऐसी?

बरसों पहले गालिब ने लिखा था–

बस कि दुश्वार है, हर काम का आसां होना
आदमी को मयस्सर नहीं इंसां होना।

ये क्या हुआ कि इंसानियत इतनी पीछे छूट गई। आज मुश्किल हो गया है सगे भाइयों का साथ-साथ रहना। भाईचारे और पारिवारिक आत्मीयता की बात पल भर को भूल भी जाएँ तो पाएँगे कि आज तो आदमी स्वयं अपने साथ भी नहीं रह पा रहा है। वह अकेला हो गया है। अपनी जड़ों से कट कर, अपनी परंपरा से कट कर, अपने इतिहास से कट कर और अपने आप से कट कर। आज सारी सभ्यता में आदमी की लगभग यही नियति है। ऐसा नहीं है कि यह अनायास हो गया हो–बल्कि सच यह है कि यह सायास किया गया है। आदमी को अकेला बनाने और हर भीड़ में उसे अकेला छोड़ देने की कला केवल आधुनिक सभ्यता की देन है। इस सच को झुठलाने के लिए टी.वी., वीसीआर, सेल्यूलर फोन व पेजर जैसे खिलौने आदमी को थमाए जा रहे हैं, लगभग एक झुनझुने को तरह। 'दुनिया ठगनी मक्कर से'–यह मक्कारी की पराकाष्ठा है।

अकेला आदमी जल्दी भयभीत होता है और भय जगाना आज की सभ्यता की दूसरी कोशिश है। सच तो यह है कि भय का शिक्षा से कोई रिश्ता नहीं है, न हो सकता है। शिक्षा का काम सर्वत्र अभय का सृजन व प्रसार करना है। मगर हुआ उसका उलटा है। हर विद्यालय में, हर महाविद्यालय में हर विद्यार्थी भय से पीड़ित है। भयभीत है। लगभग दहशत की हद तक छात्र-छात्राएँ भयभीत हैं। इसका चित्त पर गहरा और घातक प्रभाव पड़ता है।

हर चित्त कुंठित होता है, लुंठित होता है और सारी छकड़ी भूल कर गुलामी स्वीकारने को उद्यत हो जाता है। आज की शिक्षा

अपने इस प्रयास में खासी सफल रही है कि उसने कुंठित-लुंठित जवानों की ऐसी भीड़ को जन्म दिया है जो सिर्फ चाकरी की आस रखते हैं और इसे ही अपनी सफलता मान लेने को तैयार हैं। यह सब आसान इसलिए हो गया कि रोशनी से शिक्षा का नाता टूट गया है।

शालाओं की करुण कथा एक अलग ही कथा है। हर शाला में छात्र-छात्राओं के चेहरे मुरझाए हुए हैं। उनकी आँखों में सपनों की कोई दमक नहीं है। बस्तों का बोझ तन पर और परीक्षा का बोझ मन पर। कहीं पर कोई उल्लास नहीं, कहीं पर कोई उमंग नहीं। अध्यापकों और विद्यालय प्रबंधकों के नयन निर्जल हैं। उनसे कहीं सहज स्नेह और अनंत मैत्री की निर्मल धारा फूटती नहीं दीखती। सब कुछ अनमने-मन से चलता है यहाँ। नितांत यंत्रवत।

लोग भूल गए हैं कि बचपन किसे कहते हैं? बचपन के दिव्य दर्शन की ललक अब कहीं दिखाई नहीं देती। सूर ने जन्मांध हो कर भी जो देखा था उसे देखने में यह सूक्ष्मदर्शी सभ्यता असमर्थ रही है। इस सभ्यता की एक दुर्घटना यह भी है कि अब यहाँ लोरियाँ नहीं लिखी जातीं, अब घरों में रोज रात कहानियाँ नहीं सुनाई जातीं। कहानी-विहीन नाना-नानियों की एक नई जमात खड़ी हो गई है जो बुढ़ापा भी घर से बाहर बिताने को विवश दीखती है।

ऐसा क्यूँ हुआ है? क्या यह भी अनायास ही हो गया है। नहीं। यह इसलिए हुआ कि नई सभ्यता को सबसे बड़ा खतरा बचपन से था। बचपन में हम सबका मन मोह लेने की एक अद्‌भुत सामर्थ्य होती है इसी सामर्थ्य से नई बाजारू सभ्यता को खतरा था। यही कारण है कि इसने सबसे पहले शालाओं में प्रवेश किया और उनको बालकों के खिलाफ खड़ा किया। उनको बाल विरोधी बनाया। अब आज हमारी शालाओं के इस बाल विरोधी स्वरूप

को सींच-सींच कर इतना पुख्ता बना दिया गया है कि अब कोई भी मास्टर या शिक्षाविद् बचपन से कुछ भी सीखने को तैयार नहीं है। शालाओं में पढ़ने वाले करोड़ों बच्चे आज केवल कल के बाजारों के खरीददार हैं। ग्राहक हैं बेचारे।

बालक से बड़ा सत्यद्रष्टा मुझे कोई दीखा ही नहीं आज तक। वह सत्यवक्ता भी है और सत्य रक्षक भी। घर में कई बालक अपनी तुतली बोली में माँ-बाप को झुठला देते हैं और माँ-बाप के क्रोध का ठिकाना नहीं रहता। मगर बालक विवश होता है—यह उसकी सहज सत्यनिष्ठा है। वह विश्वास भी नहीं करता कि माँ-बाप झूठ बोल सकते हैं। हम बरसों से एक कहानी सुनते रहे हैं। आप सब ने भी उस कहानी को कई रूपों में कई बार सुना या पढ़ा होगा। यह कहानी है राजा के बेशकीमती वस्त्रों की। इस कहानी में चाटुकारों की भारी भीड़ में से अत्यंत नाटकीय तरीके से निकल कर केवल एक बालक सामने आता है और सच कहता है कि 'माँ आज तो राजा भी मेरी तरह नंगे हैं।' यह कहानी एक जबरदस्त सत्य को उद्घाटित करती है कि बालक सदा सत्यनिष्ठ होता है। वह निर्भय होता है। पर दूसरा संदेश भी है इसमें—राजा नंगा है। तीसरा संदेश भी कि प्रजा में केवल चाटुकारों की भीड़ है। ये तीनों संदेश आज भी सच हैं। मगर हम उनसे सीखने समझने को तैयार नहीं। इस कथा से केवल एक संदेश ग्रहण किया है हमारी शिक्षा के कर्णधारों ने—और वे बालक की इस सत्यनिष्ठा को कुचलने के हर संभव प्रयास करने में जुट गए हैं।

बालक से उसकी स्वभावगत सत्यनिष्ठा तथा निर्भयता छीन लेने में खासी सफल हुई है नई शिक्षा। मगर कुदरत का करिश्मा है कि बालक आज भी सत्य के व अभय के साथ पैदा होते हैं। अब इसके खिलाफ भी सारे नृशंस एवं क्रूरतम प्रबंध कर लिए

गए हैं। क्लोन का प्रकृति विरोधी नुस्खा मूर्ख वैज्ञानिकों के हाथ लग गया है। हम केवल प्रार्थना कर सकते हैं कि उनको सन्मति दे भगवान।

मैं यहाँ बालक से सीखने की बात फिर दोहराना या रेखांकित करना चाहूँगा। बालक के पास सिखाने के लिए निर्मलता है, निश्छलता है, सलोनापन है, भोलापन है, सहज विश्वास है, स्वभाव की निःसंशयता है, भरोसा है, वाणी का माधुर्य है, करुणा है, अत्यंत प्रेम व स्नेह है तथा जाति, वर्ण या रंग की रेखाओं के परे एक अत्यंत सहज आत्मीयता है। बालक अपने स्वभाव से ही जिज्ञासु होता है। कुतूहल उसमें कूट-कूट कर भरा होता है। वह प्रश्न पर प्रश्न करता घंटों तक नई जिज्ञासाएँ पैदा करता रहता है। मगर हमारी सभ्यता ने उससे जिज्ञासु होना भी नहीं सीखा।

इंसानियत बालक से यह सब कुछ अब तक सीखती रही है—बालक को केंद्र बिंदु बना कर। बालक परिवार का सदा केंद्र बिंदु रहा है। केंद्र में रह कर भी बालक सदा सबका रहा है। हमारी लोक परंपरा में बालक कभी 'मेरा' या 'हमारा' नहीं होता है। बालक सदा 'आपका' होता है। समाज का होता है। हमने इस नॉन पजेसिव परंपरा को खोया है, और आज बच्चों को अपनी संपत्ति समझने लगे हैं। ऐसे में बालक को निहारने, उसकी लीलाओं में रस लेने और उनसे सीखने की सारी संभावनाएँ अवरुद्ध हो गई हैं। यह तो परिवार की बात है। एक दूसरी दुर्घटना भी हुई है इधर—हमारी शिक्षा अब अनंत वत्सला नहीं रही। वह मातृस्वरूपा नहीं रही।

बालक के प्रश्नमय स्वभाव का उल्लेख मैंने ऊपर किया है। वह जन्म से ही कुतूहल प्रिय होता है। जिज्ञासु होता है। प्रश्न पर प्रश्न करना उसे अच्छा लगता है। मगर आज की शिक्षा व्यवस्था में प्रश्नों पर प्रतिबंध लगा दिया है। प्रश्नों पर पहरा बिठा दिया है।

इस व्यवस्था ने बालक से 'प्रश्न' करने का अधिकार छीन कर उस अधिकार को अपने हाथ में ले लिया है। प्रश्न को बड़ा 'सीक्रेट' बना कर, चपड़ी लगे सील बंद लिफाफों में बंद कर, उनको तालों में बंद कर दिया है। इस व्यवस्था ने प्रश्न को एक बड़े अस्त्र के रूप में इस्तेमाल किया है। बालक को परास्त करने के लिए, पराजित करने के लिए और यहाँ तक कि उसे नीचा दिखा कर जलील करने के लिए। मगर प्रश्न का अपना भी एक अद्‌भुत स्वभाव है, जाहिर हो जाने का स्वभाव, प्रकट हो जाने का स्वभाव और यही कारण है कि प्रश्न-पत्र बार बार हर साल हर मौसम में आउट हो जाते हैं। ऐसा होना ही चाहिए कि प्रश्न सारे जग जाहिर हो जाएँ मगर हमारी शिक्षा व्यवस्था को यह मंजूर नहीं।

पिछले दिनों राजस्थान के एक शिक्षा अधिकारी ने धौंस की पराकाष्ठा का परिचय दिया। उसने कहा कि अब से प्रश्न पत्रों को पुलिस थानों में रखवाया जाएगा। यह बात जब अखबारों में छपी थी तो मेरा मन रोया था। इसलिए नहीं कि प्रश्नों पर पहरा अब कड़ा कर दिया जाएगा बल्कि इसलिए कि अध्यापकों पर से विश्वास के उठ जाने का यह एक पक्का सबूत था। अध्यापक अब विश्वसनीय नहीं रहा है। मगर यह भी क्या बात हुई कि अपने कुकर्मों के लिए कुख्यात हमारी पुलिस हमारी शिक्षा व्यवस्था को अधिक विश्वसनीय लगी! लानत है ऐसे शासन और शिक्षा प्रबंध को। मगर सच तो यह है कि राजा नंगा होता है। अपने अहंकारी वस्त्रों को वो स्वयं नहीं देख सकता है—महसूस कर नहीं सकता है मगर बालक उस अहंकार के पार देखने की सामर्थ्य रखता है।

फिर भी हम बालकों को प्रश्न करने से वंचित रखते हैं। उनके कुतूहल का गला घोंटते हैं। वह भी उस देश में जहाँ सारे उपनिषद् प्रश्नोन्मुखी हैं, गीता प्रश्नोन्मुखी है और नचिकेता जैसे महाप्राण

पात्र तो अपने प्रश्नों के बदले तीन लोक का राज्य भी न्यौछावर कर सकता है। प्रश्नों पर अटल रहना ही छात्र के शिक्षण का आधार है। कोई भला कैसे सौदा कर सकता है अपने सवालों का? मगर हमारी शिक्षा व्यवस्था में पिछले पचास वर्षों में एक भी परीक्षा ऐसी नहीं आयोजित की गई जहाँ बेहतरीन प्रश्न पूछने पर किसी छात्र को 'पास' घोषित किया गया हो।

मैं प्रश्न करता हूँ कि शिक्षा व्यवस्था में वास्तव में उत्तरदायी कौन है? शिक्षक या बालक? यदि शिक्षक उत्तरदायी है तो बालकों से प्रश्न क्यों किए जाते हैं? कब तक चलती रहेगी ये उलट-बांसी!!

शिक्षा एवं साक्षरता का काम राम-काज है, यह राज-काज नहीं है। नई सभ्यता की दुर्घटना यह रही है कि शिक्षा को राज-काज में तब्दील कर दिया गया है। शिक्षा का दायित्व समाज का दायित्व था। भारतीय परंपरागत समाज अपने-अपने समुदायों की शिक्षा स्वयं करते रहे हैं। तब वह एक स्वतः स्फूर्त व्यवस्था थी। अपने प्रबंधन में पूर्ण आजादी के साथ वह अपने परिवेश तथा जमीन से जुड़ी थी। उसकी जड़ें वहीं उसी धरती में होती थीं। वह कोई आरोपित व्यवस्था नहीं थी। अपनी सीमित साधनों की समूची विनम्रता के साथ वह व्यवस्था कम खर्चीली थी। स्थानीय शिक्षक उस व्यवस्था का केंद्र बिंदु था। स्थानीय साधन उस व्यवस्था के ऐसे स्रोत थे जो उसे स्वावलंबी बनाते थे और पराए साधनों का मोहताज नहीं बनने देते थे। सच्चे अर्थों में राम काज होती थी वह व्यवस्था।

राम काज से आशय भी यही है। शिक्षक की गुलामी गलत है और शिक्षक की सर्वतोमुखी आजादी आवश्यक है। साधन को शिक्षक पर हावी होने से बचाना जरूरी है। नौकरशाही ने इधर शिक्षा को जिस कदर अपने शिकंजे में दबोच लिया है उससे शिक्षा सिर्फ राजकाज बन कर रह गई है। नौकरशाही में अफसरों का

अहंकार शिक्षकों पर हर समय सवार रहता है। शिक्षक एक बड़ी व्यवस्था का पुर्जा मात्र बन कर रह गया है। वह अब शिक्षा का कर्णधार नहीं रहा। वह शिक्षा का नियामक या नियंता नहीं रहा।

शिक्षक इस देश के विराट शिक्षा-तंत्र में एक गुलाम की जिंदगी जी रहा है। किसी भी शिक्षक को आज शिक्षा का नियामक बनने के लिए काबिल नहीं माना जा रहा। लाखों-करोड़ों अध्यापकों के सिर पर भारतीय प्रशासनिक सेवा के एक अफसर को बिठा दिया जाता है। लोक जुंबिश जैसी शिक्षा योजना का निदेशक भी कोई शिक्षक या शिक्षाविद् नहीं हो सकता। प्रौढ़ शिक्षा का निदेशक भी कोई अनुभवी साक्षरता कर्मी नहीं हो सकता। प्राथमिक शिक्षा के निदेशालय का निदेशक भी आई.ए.एस. होना आवश्यक है—मालूम नहीं क्यों? देश के कौन से संविधान में ऐसा लिखा है?

मगर ताज्जुब है कि लाखों अध्यापक उम्र भर कमर झुकाए 'यस सर' कहते रहे हैं। पिछले पचास बरसों में कभी कोई बगावत को आगे नहीं आया। विश्वविद्यालयों को भी अफसर चलाते हैं। देश के सारे विश्वविद्यालयों तथा तमाम तरह की शिक्षा संस्थाओं के सिर पर शास्त्री भवन में अफसरों की एक छोटी-बड़ी जमात बैठा दी जाती है। इस पर कभी पुनर्विचार नहीं किया गया है।

प्रसंगवश यह भी गौर करने की बात है कि इन अफसरों की तालीम करने के लिए देश के किसी भी विश्वविद्यालय को काबिल नहीं पाया गया है। इनके लिए एक अलग स्कूल खोला गया है मसूरी में। लगभग स्वर्ग की तरह सुख-सुविधाओं वाला। यह देश के आचार्यों की खुली अवहेलना का भी उदाहरण है और साथ ही भारतीय शासन में शेष बचे अंग्रेजी राज की जड़ों का एक बड़ा सबूत भी। हमें विचार करना है कि शिक्षा व साक्षरता के कार्यों को नौकरशाहों के भरोसे कब तक छोड़ें? क्या इस मुद्दे पर विचार

संभव है आज?

आइए विचार करें कि कैसे 'रामकाज' बना सकते हैं शिक्षा को आज? रामकाज का यह जुमला मुझे हनुमान चालीस से मिला। इसने मेरी आँखें खोल दीं। राजकाज और रामकाज का भेद सामने प्रकट हो गया। हनुमान सरीखे किसी भी महावीर के लिए अपनी संपूर्ण विनम्रता के साथ ज्ञान के साथ रहने की आज भी जरूरत है। इस सभ्यता का संकट ही यह है कि सारे महावीरों ने ज्ञान का साथ छोड़ दिया है। रामकाज की आतुरता में सत्कर्म से जुड़ने की स्वैच्छिक लालसा अंतर्निहित है। कुदरत का हर काम सहज है, वहाँ सरलता है और विनम्रता है। वहाँ कोई कृपणता भी नहीं। पूरी उदारता है। ऐसे ही रामकाज स्वधर्म बन कर प्रकट होता है यहाँ। इस सहज स्वधर्म में प्रबंधन की आवश्यकता नहीं होती।

प्रबंधन सदा हिंसक होता है, पराया होता है, कभी भी आत्मीय नहीं। मगर आज शिक्षा में प्रबंधन का आग्रह दुराग्रह की तरह बढ़ रहा है। क्यों? सर्वत्र प्रबंधन का बोलबाला है। हैल्थ मैनेजमेंट, मैनेजमेंट ऑफ एज्यूकेशन सिस्टम आदि। एज्यूकेशन का सिस्टम बन जाना कहाँ तक उचित था? किसी ने पूछा भी नहीं? अब यहाँ सूचना का भी सिस्टम बन गया है? मैनेजमेंट ऑफ इन्फॉरमेशन सिस्टम। जयपुर में एक बड़ा संस्थान खुला है। इंस्टीट्यूट ऑफ रूरल, मैनेजमेंट। गाँवों के प्रबंधन का संस्थान। जैसे गाँव वाले अब तक प्रबंध से अनभिज्ञ थे। मगर फैशन है तो चलेगा वही जो चलन में है।

इन जुमलों में किसी काम के रामकाज बन जाने की सारी संभावनाएँ खत्म हो जाती हैं। धारा बदल जाती है। तब अंतःप्रसूत कुछ नहीं बचता। अंतःस्फूर्ति व अंतःप्रेरणा को बाह्य प्रबंधन की आवश्यकता नहीं रहती। अब जरूरी है यह विवेचना कि शिक्षा

रामकाज कैसे बने?

शिक्षक अब कोई प्रमाण नहीं रहा। वह कोई मूल्य नहीं रहा। उसका विश्वास भी नहीं रहा। सारा 'सिस्टम' अविश्वास को आधार बनाकर विकसित किया गया है। इसका शिकार अध्यापक भी हुआ है।

अध्यापक की आजादी भी उससे छीन ली गई है। उसे क्या पढ़ाना है, कैसे पढ़ाना है, कितनी देर तक व कब तक पढ़ाना है—यह सब कहीं और तय होता है तथा दूर से नियंत्रित होता है। शिक्षा का पाठ्यक्रम बनाने में अध्यापकों की भागीदारी नगण्य है। पाठ्यपुस्तकों की रचना में भी शिक्षकों की कोई भूमिका नहीं। परीक्षा अथवा मूल्यांकन की किसी भी विधा का विकास शिक्षक के सहयोग से नहीं किया जा सकता। ऐसी स्थिति में शिक्षक एक विशाल तंत्र का पुर्जा मात्र बन कर रह गया है। उसकी अपनी गरिमा, उसकी पहचान और उसकी स्वतंत्र सत्ता इसी तंत्र में समाहित हो गई है।

शिक्षकों के उत्थान के तमाम आयोजन असफल सिद्ध हुए हैं। शिक्षक प्रशिक्षण महाविद्यालयों की करुण-कथा पर विलाप के कोई अर्थ नहीं। बी.एड. किए पूर्ण प्रशिक्षित बेरोजगार जवान-अध्यापकों की जमाते-हिंद अब ऑस्ट्रेलिया की आबादी को भी पीछे छोड़ चुकी है। नई बनी संस्था 'डाइट' भी एक ढकोसला साबित हो चुकी है। ऐसे में शिक्षा की नैया को उबारने को कौन सा वराह अवतार जाने कब होगा। हम भूल गए हैं कि शिक्षक ही शिक्षण का केंद्र बिंदु होता है।

शिक्षा लोक के लिए थी—यह सच है, मगर इससे भी बड़ा सच यह है कि शिक्षा के शिक्षण का दायित्व लोगों का था। लोगों द्वारा अन्वेषित एवं अनुभूत ज्ञान से सीखने के लिए शिक्षा को लोक की शरण में जाना पड़ता था। यह सह शिक्षण की व्यवस्था थी।

एक तरफ तो यह दायित्व था कि लोग शिक्षित हो जाएँ। मगर दूसरी तरफ यह भी दायित्व था कि सभी लोग स्वयं, स्वतः निरंतर व आजीवन सीखते रहें।

सीखना जीवन की एक अभिन्न प्रक्रिया था। इस प्रक्रिया में लोग अपने लिए अपने-अपने ज्ञान की रचना करते थे। उसके साथ सीधा साक्षात्कार करते थे और साक्षात्कार के इसी आलोक में कबीर की 'साखी' का जन्म होता था। एक 'साखी' फिर हजारों लोगों को शिक्षित करती थी। शिक्षा की इस अंतःप्रसूत व्यवस्था का शिक्षकों व विद्यालयों से गहरा रिश्ता रहता था। ऐसी स्थिति में ज्ञान तब देशज होता था, प्रासंगिक होता था। अपना होता था।

मगर दुर्भाग्य है कि देश में लोक-ज्ञान, लोक-विज्ञान तथा लोकानुभव के सारे स्रोत अब सूख गए हैं। सीखना अब अपना काम नहीं रहा। एक पराया काम बन गया है। पराया काम कभी सुखदायी व आनंदायी नहीं होता। सदा नीरस होता है। हम आज इसी नीरस व्यवस्था के शिकार हो गए हैं।

क्या करें कि शिक्षा बालकोन्मुखी बन जाए, शिक्षकोन्मुखी और लोकोन्मुखी हो रामकाज हो जाए—सदा सदा के लिए!!!

❑

शिक्षा, संस्कृति एवं बाजार

कुछ बरस पहले एक विदेशी कंपनी ने दूध के डिब्बे बाजार में बेचने प्रारंभ किए थे। उस पर यह नहीं लिखा था कि यह दूध है। उस पर छपा था 'टी वाइटनर'। माने यह कि चाय को सफेद करने वाला एक पाउडर। तभी मुझे गंध आई थी, 'स्याह को सफेद करने' वाली गंध। यह क्या हुआ कि जो कृत्य कभी गाली जैसा लगता था, वही एक संस्कृति का सच हो गया। वैश्वीकरण के नए दौर में दूध-दूध नहीं रहा और केवल 'टी वाइटनर' हो गया। स्याह को सफेद करना एक धर्म हो गया।

दूध जब दूध नहीं रहता है तो सारा मनुष्य समाज एक दूसरे सांस्कृतिक सच को भूल जाता है। वह सच है 'दूध का दूध और पानी का पानी' करने का सच। नीर-क्षीर विवेक एक धर्म के रूप में शिक्षा का उद्देश्य रहा है। मगर अब क्या होगा? दूध के बदलते रूप के साथ गुण-धर्म का सारा विभेद लुप्त हो गया। जो भारतीय सभ्यता सिंहनी, हथिनी तथा ऊँटनी तक के दूध का गुण-धर्म जानती थी वह ठगी-सी देखती रही कि दूध दूध नहीं रहा।

बात केवल यह नहीं थी। हमला मूल पर हुआ था। गाय के

साथ हमारे रिश्तों को सायास बदला गया था। वह अब गौ-माता नहीं रही थी। गौ-सेवा पुण्य की बात नहीं रही थी। गाय का किसी घर में होना गौरव की बात नहीं रही थी। गौ-रस के आसरे एक स्वस्थ जीवन-निर्वाह की अनुभव सिद्ध शैली तिरोहित हुई थी। गाय अब सिर्फ एक दूध देने वाली मशीन मात्र रह गई थी। दूध को बेचना जहाँ पूत को बेचने से भी बड़ा पाप समझा जाता था, वहाँ अब दूध बेचना एक गर्व की बात हो गई थी।

श्वेत क्रांति के नाम से थोपे गए आधुनिक व्यापार ने बच्चों और बछड़ों के लिए न दूध छोड़ा था और न छाछ छोड़ी थी। नतीजा यह हुआ था कि बाड़मेर और बीकानेर के ग्रामीण अंचलों में एक समय ऐसा भी आया था कि 60% बच्चे रात को देख नहीं सकते थे। 80% पशुओं को रतौंधी हो गई थी। मगर दूध बेचने से प्राप्त हुए पैसों के उपयोग का रास्ता कल्याणकारी राज्य ने निकाल लिया था और महँगी लागत पर उठाए गए दारू के ठेके गाँवों में खोल दिए गए थे। लोग दूध बेचकर दारू पीने लगे। एक विकास यात्रा पूरी हुई। अंधे और कुपोषित बच्चों की खबरें तथा इंडियन कौंसिल ऑव् मेडिकल रिसर्च की रपट तक किसी ठंडे बस्ते में डाल दी गई।

न दूध दूध रहा और न गाय गाय रही। दूध का कारोबार करने वाली संस्कृति ने कहा कि वह गाय गाय क्या जो 25 किलो दूध न देती हो? नतीजा यह हुआ कि हमारी देशी नस्लें जैसे राठी, थारपारकर आदि तो दरकिनार कर दी गईं। उनको अवमूल्यित कर हेय करार दिया गया। जर्सी आदि विलायती नस्लों को आयातित कर, गोपालकों को कर्जदार बना कर उन पर थोप दिया गया। बरसों पहले जोधपुर निवासी स्व. वैद्यराज गणेशीलालजी रंगा ने

मेरा ध्यान मोहन-जोदाड़ों की एक सील की ओर आकर्षित किया था। इस सील में एक बैल के पाँवों तक गल-माला लटक रही थी। उन्नत भाल था और गर्दन के ऊपर ऊँची खुंभी थी। वैद्यराजजी ने कहा था कि जिस गाय के पाँवों तक लटकती गल-माल और ऊँची खुंभी नहीं हो वह गाय ही नहीं है, वह सिर्फ दूध जैसा सफेद पेय पैदा करने की मशीन ही है। तब फिर बाजार की वह कम्पनी सच थी जिसने दूध को 'टी वाइटनर' लिखा था। मगर हम बहक गए थे। रिश्ते बदल गए थे। पैसा प्रधान हो गया था। व्यापार और बाजार के रास्ते उतरती सभ्यता सफल हो रही थी, शिक्षा व संस्कृति पीछे छूट रही थी।

शिक्षा व संस्कृति के पीछे छूटने की इस दौड़ में हम वात्सल्य को भूल गए थे। हम भूल गए थे कि गाय का घर में खड़ा रहना ही वात्सल्य की उपस्थिति है, क्योंकि वह सदावत्सला होती है। हमारी देशी गाएँ बिना बछड़े की उपस्थिति के दूध नहीं देती हैं। वैसे भी गाय और बछड़े के संबंधों को महर्षि कपिल तक ने प्रकृति और पुरुष के रिश्तों का आधार माना है। यह सिर्फ वात्सल्य ही होता है कि थनों में दूध उतर आता है। वही दूध सेहत के लिए हितकारी होता है, सबके लिए आरोग्यदायी होता है। मगर अब वात्सल्य कोई मूल्य नहीं रहा, सिर्फ इंजेक्शन के सहारे दूध उतारा जा सकता है, क्योंकि वह बेचने की चीज है और बेचने से पैसा आता है और पैसा भले ही कैसे ही कुकर्म से आए नई सभ्यता को प्रिय है। शिक्षा और संस्कृति नई सभ्यता के लिए सिर्फ एक मुखौटे की चीज है क्योंकि इंसानियत के जहन में अभी तक पैसे की प्रधानता उकेरी नहीं जा सकी है। वहाँ आज भी प्यार है, स्नेह

की आस है और वात्सल्य की चाहत है।

पैसों की प्रधानता पर टिका यह रिश्ता गाय तक सीमित नहीं रहा था। अगला हमला धरती पर था। धरती भी अब माँ नहीं रही थी। इसकी माटी के लिए कोई रूहानी रिश्ता, प्रेम-संबंध बाकी नहीं रहा था। माटी अब एक उपजाऊ रसायन हो गई थी। बहुतेरी उपज न दे तो इसे जहर दो और उपजाऊ बनाओ, बस यही तकाजा था। खुंभी वाली गायों का खात्मा ही इसलिए किया गया था कि न रहे बाँस और न बजे बाँसुरी। बैल बचे ही कहाँ जो हल जोतते, लिहाजा बहुराष्ट्रीय कंपनियों के ट्रैक्टरों का उपयोग अनिवार्य हो गया था। अब बहुबलशाली ट्रैक्टरों के पहियों तलों जमीं का रौंदा जाना इसकी नियति हो गयी थी और कबिरा खड़ा बाजार में कहता ही रह गया—'तूं क्यों रौंदे मोय'। दरअसल, हम बैलों के खुरों की स्निग्धता को और हल की फाल पर टिके इंसानी हाथों की परस को भूल गए थे। इनके सांस्कृतिक संस्कारों को भूल गए थे। लक्ष्य धरती से केवल उत्पादन व दोहन के रिश्ते कायम करने का था। हम धरती के वैष्णवी स्वरूप से बहुत दूर चले गए थे। यही कारण था कि हमने इतने घातक जहर भी इस धरती में घोले जिनका असर तीन सौ बरसों और छः पीढ़ियों तक विगलित नहीं होता। मगर व्यापार के रास्ते में सब कुछ जायज होता है।

काम केवल धरती से चलने वाला नहीं था, क्योंकि उपज केवल माटी से नहीं बढ़ती। बीज का अच्छा होना भी आवश्यक है। बीज को उपजाऊ बनाने के लिए इस धरती पर तमाम अत्याचार किए गए। इसकी आंतरिक संरचना को बदल कर केवल तादादी नाज पैदा करने के करतब किए गए। नाज की पोषण-क्षमता तथा

गुण-धर्म से किसी को वास्ता नहीं था। तासीर की बात हम भूल गए थे और केवल ऊँचे भाव बिकने वाले तादादी अनाज की उपज में जुटे थे। मतलब सिर्फ मुनाफे से था। मुनाफे और स्वार्थ की इस कृषि-नीति ने खेतों में बंदूकें उगाई थीं। पाँच नदियों के पानी से सींचा जाने वाला पंजाब हरित क्रांति के बाद अचानक हिंसक हो उठा था। वहाँ की जीवन-शैली बदल गई थी। रिश्ते बदल गए थे और उन रिश्तों को सामान्य करने में राज्य को फिर हिंसा का सहारा लेना पड़ा था। आक्रामक होना पड़ा था। यह कैसी कृषि-नीति थी जो पेट न भरती हो, पोषण न करती हो, पालनहार न बनती हो बल्कि जानलेवा हो जाती हो!

बीजों पर हुए इस हमले में हमारे देशी बीज गायब हो गए थे। हमारे शरबती गेहूँ, हमारे काठिया, बाजिया और खारचिया गेहुँओं की नस्लें नदारद हो गई थीं। न वो मक्का रहा था और न वो बाजरी। भीलवाड़ा की ग्रामीण माताओं ने बरसों पहले मुझे बताया था कि अब वे हांडी पर हाथ रख कर मक्का की राबड़ी पका सकती हैं। नहीं तो कोई जमाना था जब मक्का की आंतरिक ताकत से हंडिया तड़क जाती थी और पकाते समय इससे बहुत दूर बैठना पड़ता था। जाहिर है हमारे देशी बीजों की पोषक-शक्ति अधिक थी मगर चूँकि उपज कम थी इसलिए बाजार में इन ताकतवर बीजों का टिकना भला कहाँ संभव होता! इनको जाना ही था।

इस प्रकार अपनी गायों, अपनी धरती और अपने बीजों की कीमत पर हमने नई सभ्यता में प्रवेश पाया है। यह सभ्यता बाजार की सभ्यता है। यहाँ मुनाफा धर्म है और आदमी सिर्फ खरीददार। इस बाजार में हर चीज को हाट चढ़ाया जाता है। शिक्षा और संस्कृति

को भी। राजस्थानी में पुरानी कहावत है कि बिना बोले तो बेर भी नहीं बिकते हैं अतः इस सभ्यता में सूचना व संप्रेषण पर सर्वोपरि नजर है। बोलना सीखो, बोली लगाओ और अपना सामान भरपूर मुनाफे के साथ बेच कर पार उतर जाओ। यही सबसे बड़ी सफलता है। हमें विचार यह करना है कि हम अपनी शिक्षा व संस्कृति को बाजार में क्यों बिकने दें? क्यों नहीं अपने सनातन मूल्यों की रक्षा करें? क्यों नहीं एक बार फिर कहें कि मनुष्य से श्रेष्ठ धरती पर कुछ नहीं है।

❑

चलें गाँव की ओर

यह बात हम जानते और मानते रहे हैं कि भारत की आत्मा गाँवों में बसती है तब फिर यह कैसी विडंबना है कि भारत के शत-प्रतिशत शिक्षित लोग शहरों में ही बसना या बसे रहना चाहते हैं? अपनी ही आत्मा से विलग होकर निष्प्राण जीवन जीने की हमारी यह कैसी चाहत है? वैसे हमारे ग्रामीण पुरखे इस सच को जानते थे। एक बड़ी सटीक कहावत है सदियों पुरानी—'थोड़ो पढ़्यो घरां सूं गयो अर घणो पढ़्यो गांव सूं गयो।' कितनी सच निकली यह कहावत! आज हम इस कहावत में एक जुमला और जुड़ता देखते हैं—'और भी घणो पढ़्यो देश सूँ गयो।' अब आएँ और विचार करें कि शिक्षा क्या अपनी जड़ों से कटने और उखड़ने की सीख देती है? आगे यह भी विचार करें कि बेजड़ के अथवा जड़-विहीन वृक्षों का हश्र क्या होता है?

गाँव को पंजाबी भाषा में पिंड कहते हैं। यह अच्छा शब्द है। यह शब्द पंजाबी लोक-ज्ञान की गहराई का परिचायक है। संस्कृत में पिंड हमारे शरीर को कहते हैं। एक प्राचीन संस्कृत कहावत है—'यत् ब्रह्माण्डे तत् पिण्डे, यत् पिण्डे तत् ब्रह्माण्डे।' अर्थात् जो ब्रह्माण्ड में है वही सब पिंड में है और जो पिंड में है वही सब ब्रह्माण्ड में है। पिंड हमारा गाँव भी है और पिंड हमारा शरीर भी

है। ब्रह्माण्ड और पिंड का यह रिश्ता हमें आलोकित करता है। कितनी विस्तृत और व्यापक है पिंड की परिभाषा। हमें विचार करना है कि गाँवों की हमारी समझ क्या है? हम गाँवों को किस नजर से देखते हैं? अपने मन को टटोलें और अपने मन से पूछें। संभव है कि मन एक घिसा-पिटा उत्तर ही देगा कि गाँव गरीब और अनपढ़ लोगों की बसावट को कहते हैं। तभी तो वहाँ बसने वाले लोग गँवार कहलाते हैं। तो विचार करें कि क्या यह सच है? यदि नहीं तो सच क्या है? आज गाँवों के सच को जान कर हमें अपनी समझ बनानी है।

आज जब भी कोई गाँव का नाम लेता है तो एक अलग ही छवि उभरती है। वह छवि कहती है कि वहाँ गरीबी है। वहाँ अशिक्षा और अज्ञान है। वहाँ अंध-विश्वास है। गंदगी है। बीमारी है। और भी जाने क्या क्या? हमें विचार करना है कि सच क्या है? पता यह भी लगाना है कि सच क्या था? क्या हमारे गाँव ऐसे ही थे जैसे आज हैं? आज जो गाँवों की दुर्दशा हुई है उसके लिए भी जिम्मेदार कौन है? इन सवालों की पड़ताल करते हुए हमें नई समझ बनानी है तथा गाँवों के सही स्वरूप की पहचान करनी है। वैसे यह खुदा का शुक्र है कि गाँवों पर कई तरह के आक्रामक दुष्प्रभावों के बावजूद उनका मूल स्वरूप नहीं बदला है। जो दूरस्थ गाँव है—शहर के पड़ोस से दूर उनकी निजता तो खासी बची हुई है। ऐसी स्थिति में हमारा दायित्व, एक शिक्षित समाज का दायित्व क्या बनता है? हमें विचार करना है। मगर ऐसा कोई भी विचार गाँवों को आँखों से देखे बिना, स्वयं देख कर समझे बिना नहीं किया जा सकता। तो हमें अपनी फर्स्ट हैंड समझ बनाने के लिए गाँव चलना है। अपनी संभावित भूमिका को परिभाषित करने के लिए गाँव चलना है।

अपने मूल स्वरूप में गाँव एक वैधशाला है। एक विद्याशाला है। यदि पिंड है गाँव तो फिर गाँव एक ज्योतिपुंज है। ज्ञान और कर्म के ज्योतिकणों से आलोकित ज्योति-पुंज। गाँव वैधशाला या प्रयोगशाला इसलिए है कि ज्ञान को रोज वहाँ कर्म की कसौटी पर कसा जाता है। आजमाया जाता है। जो ज्ञान कर्म की कसौटी पर खरा न उतरे तो उसे खारिज कर दिया जाता है। हर ज्ञान के होने की शर्त यह है वह सृजन और उत्पादन की शान पर तराशा जाए। इसलिए हम कह सकते हैं कि गाँव में ज्ञान की सिर्फ बातें नहीं बघारी जातीं। ज्ञान का उपयोग मनुष्य जीवन को सुरक्षित रखने व उसके कल्याण के लिए किया जाता है—उत्पादन व सृजन के मार्फत। उत्पादक श्रम से गाँवों को ही प्यार है। शहर का हर पढ़ा-लिखा आदमी श्रम से जी चुराता है तो गाँव की हर औरत, हर आदमी उत्पादक श्रम से जुड़ा रहता है। अनाज, कपास, ऊन, खाद, लकड़ी, मूंज और घासफूस आदि सब कुछ हमें गाँवों से मिलता है। दूध, दही, छाछ मक्खन आदि भी हमें गाँवों की बदौलत ही मिलता है। ऐसी तमाम जीवनोपयोगी चीजों का उत्पादन बिना ज्ञान के संभव नहीं है। उनके उत्पादन के दरम्यान भी हमारे ग्राम-जन निरंतर नित नए ज्ञान का सृजन करते हैं। ज्ञान का यह सृजन जिसमें तकनीक का विकास भी शामिल है, हमारे ग्रामीण-लोगों के जीवन को ज्ञान-संपन्न बनाता है। फिर यह कैसी विडंबना है कि हम उस कर्म-सिद्ध और कर्मसिक्त ज्ञान से दूर रह कर और केवल किताबी ज्ञान का पल्लू पकड़ कर पार उतर जाना चाहते हैं। हमें आज इस विडंबना पर विचार करना है।

हमें विचार करना है कि स्कूलों, कॉलेजों व विश्वविद्यालयों में दी जा रही शिक्षा की प्रामाणिकता क्या है? हमें पूछना है कि जो शिक्षा हमें कर्म-विमुख बनाए या कर्म-च्युत करे उसे शिक्षा कहें

भी कि नहीं? जानकारियों, सूचनाओं और विद्वत्तापूर्ण सूत्रों का अनुभव के बिना कोई अर्थ भी नहीं होता। तो हमें अनुभव व कर्म की दुनिया के करीब जाने के लिए आज गाँव चलना है। श्रम की शाला में प्रवेश पाने के लिए गाँव चलना है। अकेले नहीं—सबके साथ गाँव चलना है। चल कर लौटने के लिए नहीं बल्कि वहाँ रहने व रमने के लिए गाँव चलना है। अपने ही देश की आत्मा को पाने व अपने जीवन को अधिक जीवंत व प्राणवान बनाने के लिए गाँव चलना है।

हमें गाँव इसलिए भी चलना है कि गाँवों को हम शोषण से, शहरी शोषण से, शासन के शोषण से बचा सकें या बचने का कोई मार्ग दिखा सकें। गाँवों पर आढ़तियों, बिचौलियों और मंडियों द्वारा ढाये जा रहे कहर के प्रति गाँव वालों को आगाह कर सकें और अपनी समझ से उनको इससे बचने का मार्ग दिखा सकें। हमें गाँव चलना है कि उपभोक्तावाद के नंगे नाच के प्रति उनको आगाह कर सकें और दूध छीन कर दारू पिलाने वाली व्यवस्था के इरादों से उनको अवगत करा सकें। पेप्सी और कोका-कोला को गाँव-गाँव तक पहुँचा कर मेहनत की कमाई को छीन ले जाने वाली बहुराष्ट्रीय कंपनियों के षड्यंत्र की समझ गाँवों में बना सकें। यह एक अलग बात है कि ऐसी समझ अभी तक हमारी अपनी भी नहीं बनी है। मगर हमें अलबत्ता इसका अहसास अवश्य है। गाँवों के साथ रह कर, उनके बीच बैठ कर हमारा यह अहसास एक सरोकार में बदले इसकी पूरी संभावना है। संभावना है कि हमारा भी कायाकल्प हो, हमारा भी दृष्टि विस्तार हो और हम एक नई समझ के साथ नए सहकार का कोई मार्ग खोज सकें। नए सहजीवन के नए अर्थ हमें दिखाई दे सकें—उनकी अनुभूति हो सके। तब हम लोक-जागरण का व्यापक अभियान प्रारंभ कर सकेंगे।

गाँवों में स्वराज्य, ग्राम स्वराज का एक सपना हमने देखा था। वह सपना न केवल अधूरा है बल्कि भुलाया जा चुका है। उसको पुनः जाग्रत और साकार करने की मंशा से हमें आज गाँव चलना है। जड़ता को तोड़ने के लिए और सामाजिक बदलाव की कोई नई प्रक्रिया प्रारंभ करने के लिए हमें आज गाँव चलना ही चाहिए। नव संकल्प व नव निश्चय के साथ हमें आज गाँव चलना ही होगा; तो आओ गाँव चलें।

❑

आज शिक्षा की परीक्षा है

आज शिक्षा की परीक्षा है। अगर कहें कि अग्नि परीक्षा है तो भी अनुचित नहीं होगा। शिक्षा को आज बताना है कि वह कितनी लोकोन्मुखी रही है? कितनी लोकोतंत्रोन्मुखी रही है? कितनी मूल्योन्मुखी रही है? कितनी करुणा-मुखी और कितनी कल्याणोन्मुखी? कितनी बालकोन्मुखी? कितनी निर्बलोन्मुखी? कितनी वसुंधरोन्मुखी? कितनी प्रकृति-मुखी? कितनी निरंकारोन्मुखी? ऐसे और भी अनेक प्रश्न हो सकते हैं जो शिक्षा से उत्तर की अपेक्षा करें? शिक्षा स्वयं हर बालक से उत्तर ही तो माँगती रही है। तो फिर क्यों खामोश है शिक्षा?

समय का तकाजा है कि शिक्षा कड़ी परीक्षा से गुजरे और बताए कि उसके एजेंडा में भारत का जन-गण-मन सर्वोच्च प्राथमिकता पर क्यों नहीं रहा? रहा हो कहीं तो उदाहरण दे। ऐसा क्या हुआ और कैसे हुआ कि आम आदमी ही सदा उपेक्षा का शिकार रहा शिक्षा में! क्या हुआ कि आदमी के जिंदा रहने की जरूरतें, आदमी का स्वाभिमान, उसकी सुरक्षा सदा शिक्षा की नजरों से दूर रहे। न केवल रहे बल्कि आज भी हैं। जहाँ अकाल की काली छाया में बच्चे भूख से मर रहे हों वहाँ शालाओं के लिए कंप्यूटर खरीदे जा रहे हैं। सनद रहे कि भारत के अधिसंख्य स्कूलों

में सुरक्षित पीने का पानी उपलब्ध नहीं है। यह उदाहरण सिर्फ प्राथमिकता तय करने के संदर्भ में दिया जा रहा है।

शिक्षा को आज बताना है कि उसके किस प्रयत्न ने आदमी को रोटी-कपड़ा और मकान जैसी प्राथमिक आवश्यकताएँ हासिल करने की काबलियत दी, सामर्थ्य दी, हिम्मत दी? शिक्षा को बताना है कि उसके किस उपक्रम ने आदमी को अपने स्वाभिमान की रक्षा करने की शक्ति दी? शिक्षा को बताना है कि उसने मनुष्य विरोधी शक्तियों से लड़ने की कैसी सामर्थ्य दी आदमी को? शिक्षा को आज बताना है कि शोषण से लड़ने की कैसी सामर्थ्य दी आदमी को? इससे भी अधिक दीगर सवाल यह है कि शिक्षा ने शोषण की व्यवस्था को सदा स्वयं प्रोत्साहित और पुष्ट किया कि नहीं? जवाब दे शिक्षा कि वह अब तक शोषक शक्तियों के साथ क्यों रही?

शिक्षा को उत्तर देना है कि वह कितनी लोकतंत्रोन्मुखी रही? हमको आज याद करना होगा कि आजादी की लड़ाई लड़ते हुए इस आजादी के बाद कैसी शिक्षा व्यवस्था हो इसका सपना देखा गया था? सपना ही नहीं देखा था बल्कि एक नई शिक्षा संकल्पना की नींव भी रखी थी। आजादी के लड़ाई के दरम्यान पूरी दूरदर्शिता के साथ सोची गई शिक्षा की उस अवधारणा में पहले पाठ से ही हुनर को जोड़ कर आदमी को इतना आलिम बना देने का सपना था कि आदमी अपनी रोटी कमा सके और स्वाभिमान के साथ जी सके। उस शिक्षा में स्वावलंबन पर जोर था। उस शिक्षा में निरीहता को कोई स्थान नहीं था जबकि आज लगभग 20 करोड़ शिक्षित लोग रोजगार की प्रतीक्षा में खड़े हैं! शिक्षा को उत्तर देना है कि लोकतंत्र की जड़ों को मजबूत करने वाली शिक्षा की उस संकल्पना का क्या हुआ? कहाँ गई वह संकल्पना?

बात केवल उत्तर की नहीं है—हमारी मूल चिंता तो यह है कि आजाद भारत में लोकतंत्रोन्मुखी शिक्षा का क्या हुआ? यह देश अपनी आजादी को कितना सुरक्षित रख सका? देश की स्वतंत्रता एक एक आदमी की आजादी पर टिकी होती है। हमें शिक्षा से उत्तर चाहिए कि वैयक्तिक स्वातंत्र्य की सुरक्षा में वह कितनी सफल रही है और यदि नहीं तो क्यों?

आजादी हमारे लिए सर्वोच्च मूल्य था। उसे ही सुदृढ़ करने में शिक्षा का योगदान कहीं दृष्टिगोचर नहीं होता तो दूसरे मूल्यों की बात ही क्या करें? शिक्षा को आज उत्तर देना है कि उसने पूँजी और सत्ता की होड़ में मूल्यों का साथ क्यों छोड़ा? सत्य एक सर्वोच्च मूल्य था हमारे सामने। क्या भारत का कोई भी शिक्षा सर्वेक्षण यह बता सकता है कि उसने कितने लोगों को सत्यनिष्ठ बनाया? यह प्रश्न कोई अबूझ पहेली नहीं है बल्कि शिक्षा के सामने एक बड़ा यक्ष-प्रश्न है। दूसरे मूल्य भी जैसे प्रेम व अहिंसा, ऐसे ही तिरोहित हुए हैं—विश्वविद्यालयों एवं अन्य शिक्षा संस्थाओं की बढ़ती संख्या के बावजूद। क्यों हुआ ऐसा? जवाब दे शिक्षा!

करुणा के व्यापक प्रसार की चुनौती शिक्षा के सामने मुँह बाए खड़ी थी। विरासत में हमें बुद्ध का करुण दर्शन मिला था मगर नव स्वतंत्र भारत में एक तरफ गरीबी थी, एक तरफ देश का विभाजन, एक तरफ महामारी तो दूसरी तरफ अकाल—एक से एक ऐसे दुख थे जो बिना मानवी-सरोकारों को सबल व सक्रिय किए सँभाले नहीं जा सकते थे। शिक्षा का काम था कि जन जन में करुणा-जागरण का काम कर लोक सहयोग व लोक भागीदारी से ऐसी विभीषिकाओं का सामना कर सकने के लिए राष्ट्र को सबल बनाए। मगर क्या किया शिक्षा ने? सामाजिक संकटों का सामना करने का उपाय दफ्तरों में खोजती रही शिक्षा! हमने एक

कल्याणकारी राज्य का सपना देखा था। लेकिन लोक कल्याणोन्मुखी समाज की रचना में शिक्षा सर्वथा फेल हुई। क्यों हुआ ऐसा? उत्तर दे शिक्षा।

शिक्षा ने विकास का दंभ भरा था। मगर गलती यह हुई कि शिक्षा आदमी को भूल कर शहरों में कंकरीट के जंगल रोपने में मशगूल हो गई। सड़कें, इमारतें, कारखाने आदि सब लक्ष्य में रहे और आदमी आँख से ओझल हो गया। साथ में यह तो होना ही था शिक्षा बाजार के, मंडियों के हत्थे चढ़ जाती। तब पूँजी पर नजर टिकी और मूल फोकस पैसा ही हो गया। बस तभी सब निन्यानवें के फेर में ऐसे पड़े कि इन्सानियत पीछे छूट गई। पैसा प्रधान हो गया और आदमी गौण हो गया! शिक्षा को आज बताना है कि ऐसा क्यों हुआ? हमारे समाजवादी सपनों का क्या हुआ? उत्तर दे शिक्षा।

आदमी से बहुत पहले बालक का विकास शिक्षा का लक्ष्य था। विकास से पहले बचपन की रक्षा शिक्षा का लक्ष्य था। बचपन को बचाए रखना, फिर उसका इतना पोषण करना कि वह उम्र पर्यंत आदमी के भीतर जिंदा रह सके—गृरस्थी के सारे दायित्वों के बावजूद। शिक्षा को बचपन का पोषण करते हुए यह स्थापित करना था कि बचपन का रिश्ता उम्र से नहीं होता है। बचपन दरअसल मनुष्य होने की पहली शर्त है। यह एक मूल्य है। पहला और बुनियादी मूल्य। इसे मनुष्य के भीतर प्रतिपल जिंदा रहना चाहिए। रखना चाहिए। मगर शिक्षा ऐसा करने में सर्वथा असफल क्यों रही है? शिक्षा को उत्तर देना है। यही शिक्षा की परीक्षा है।

शिक्षा को न केवल बचपन की रक्षा करनी थी बल्कि पूरे समाज को बाल वत्सल बनाना था—बाल प्रेमी और बाल सेवी बनाना था। इसके साथ ही मानवी उदारता तथा सहज मानवी विनयशीलता

को पुष्ट करते हुए एवं निरंकारी समाज की रचना करनी थी—ऐसे समाज की जहाँ अहंकार को कोई स्थान न हो। जहाँ हर विद्यावान व्यक्ति विनयशीलता का साक्षात अवतार हो। द् ह्यूमिलिटि इन्कारनेटेड। मगर हुआ इसके विपरीत। केवल अहंकार ही अहंकार हमारे माथे चढ़ कर बोलने लगा और हम सभी दशानन होने की होड़ में जुट गए। विद्याददाति विनयं को भूल गए। रावण के दस सिर उसके अहंकार के ही प्रतीक थे। हम उस लोक परंपरा का अर्थ ग्रहण करना भी भूल गए जिसने दस माथों के ऊपर एक गधे का सिर बना दिया था। जाहिर था कि भारतीय लोकमानस अहंकार की परिणिति से परिचित था मगर भारत के विद्वान शिक्षाविद् इस छोटे से पाठ को पढ़ने को भी तैयार नहीं थे और डिग्रियाँ बाँट बाँट कर सिर्फ अहंकार की श्री वृद्धि करते रहे। जवाब दे शिक्षा कि उसने अहंकार की खेती क्यों की?

शिक्षा को आज उत्तर देना है कि उसने धरती को, माँ वसुंधरा को इतना आसानी से कैसे भुलाया? शिक्षा का कुदरत विरोधी रूप कई बार अपनी आक्रामकता के साथ सामने आया है। शिक्षा ने न केवल कुदरत के साथ खिलवाड़ किया बल्कि कई बार धरती के लिए समूल नष्ट होने के खतरे भी खड़े किए हैं? प्रश्न है कि शिक्षा धरती की रक्षा करे कि इसके विनाश में जुट जाए? शिक्षा को स्वयं उत्तर देना है। शिक्षा की परीक्षा है कि वह ऐसे कई सवालों का सामना करे और उत्तर दे।

□□□